La collection « Images Doc »
a été conçue à partir du fonds éditorial du magazine,
en étroite collaboration avec la rédaction.
Images Doc est un magazine mensuel
édité par Bayard Jeunesse,
3, rue Bayard, 75008 Paris

Édition : Emmanuelle Petiot
Conception artistique : David Alazraki
avec la participation
du Studio Bayard Éditions Jeunesse
Maquette : Arielle Cambessédès

ISBN : 2 7470 1951 9
Dépôt légal : octobre 2006

Imprimé à Singapour

Nathalie Tordjman • Anne-Laure Fournier le Ray

Les Animaux de l'Extrême

BAYARD JEUNESSE • IMAGES DOC

LE GRAND NORD P. 10

LE GRAND NORD P. 10

LES FORÊTS TROPICALES P. 118

LES SAVANES TROPICALES P. 86

LES HAUTES MONTAGNES P. 50

LES FORÊTS TROPICALES P. 118

LE GRAND SUD P. 32

LE GRAND SUD P. 32

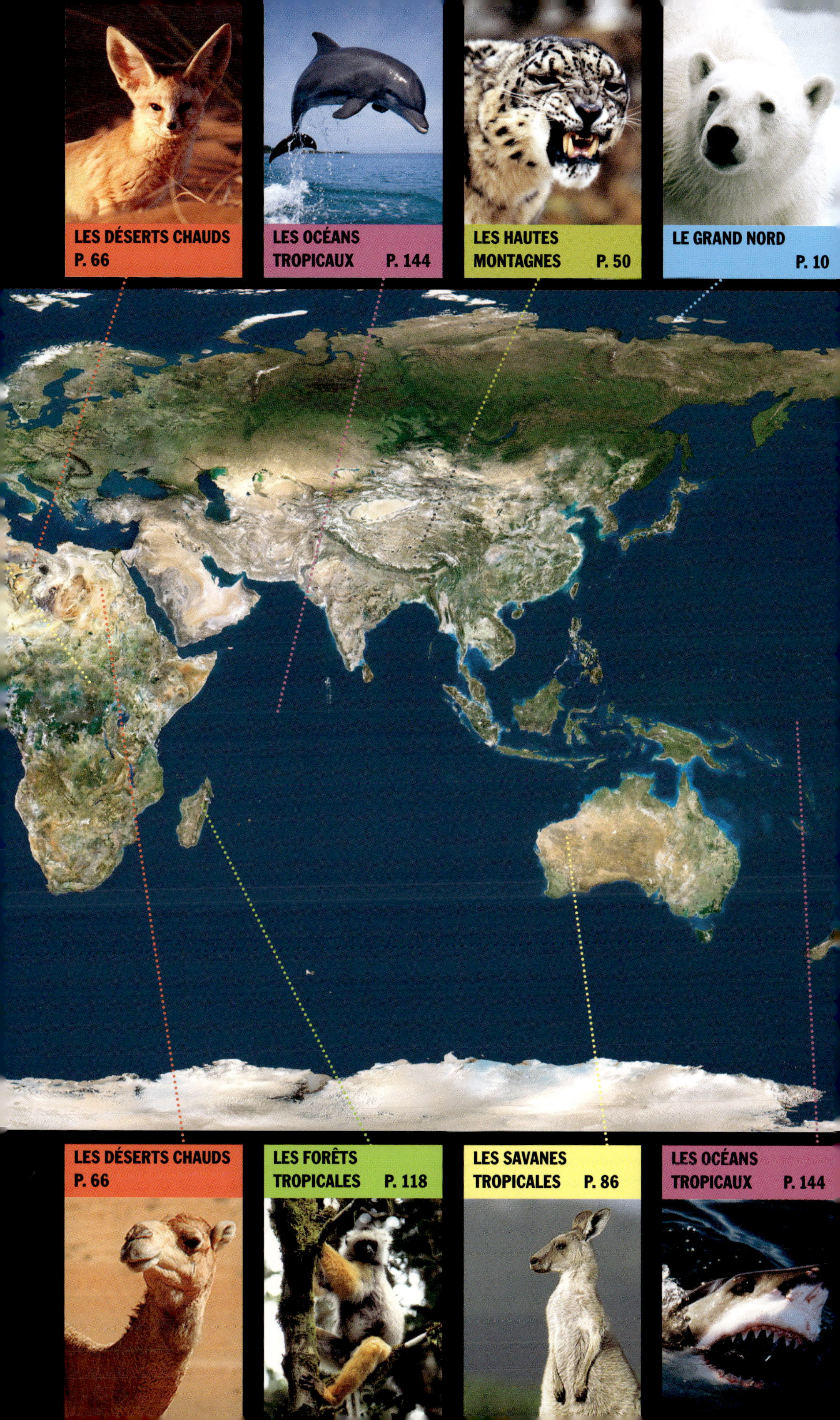

LES DÉSERTS CHAUDS P. 66
LES OCÉANS TROPICAUX P. 144
LES HAUTES MONTAGNES P. 50
LE GRAND NORD P. 10
LES DÉSERTS CHAUDS P. 66
LES FORÊTS TROPICALES P. 118
LES SAVANES TROPICALES P. 86
LES OCÉANS TROPICAUX P. 144

Les animaux de l'extrême

Le Grand Nord

Le Grand Sud

Les hautes montagnes

Les déserts chauds

Les savanes tropicales

Les forêts tropicales

Les océans tropicaux

Le Grand Nord

Le Grand Nord

Le Grand Nord est la région située entre le pôle Nord et le cercle polaire arctique. Il comporte surtout l'océan Arctique, et aussi des terres, comme l'île du Groenland.

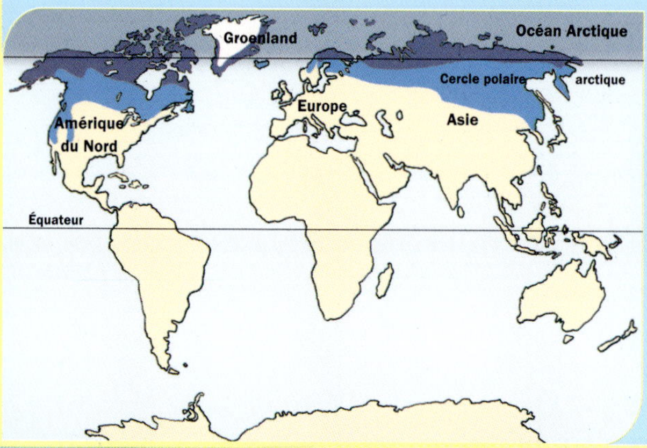

Les régions du Grand Nord

La banquise est une épaisse couche de glace qui recouvre l'océan Arctique. Une partie de la banquise fond en été.

La toundra désigne les plaines gelées de l'Arctique. En été, avec la fonte des neiges, la toundra devient un vaste marécage. Il y pousse des arbustes, des fleurs, des mousses.

La taïga est la forêt qui borde le cercle polaire arctique. Il y pousse surtout des conifères : mélèzes, épicéas et pins. Les arbres sont espacés, séparés par des zones de marais couverts de mousses.

Quelle température y fait-il ?
En hiver, la température moyenne se situe entre – 20 °C et – 40 °C. Mais elle peut chuter jusqu'à – 70 °C pendant les tempêtes de blizzard, un vent qui soulève des tourbillons de glace. En été, la température dépasse rarement 5 °C.

Pourquoi fait-il si froid ?
Le pôle Nord et le pôle Sud sont éloignés du soleil. Ils reçoivent moins de chaleur. Pendant l'hiver, les rayons n'atteignent même plus le pôle, qui se retrouve complètement à l'ombre. Pendant six mois, une nuit glaciale s'installe.

La vie y est-elle possible ?
Oui, la vie existe même dans ces conditions extrêmes. La plupart des animaux migrent, ils partent plus au sud pendant l'hiver. Mais certains ont su s'adapter de manière extraordinaire pour supporter le froid de l'hiver.

L'ours blanc

L'ours blanc, qu'on appelle aussi ours polaire, est vraiment le seigneur du Grand Nord ! Cet animal superbe et impressionnant est le grand prédateur de cette région. Il s'est si bien adapté à ce milieu extrême qu'il est devenu le symbole de la vie sur la banquise.

Un excellent nageur

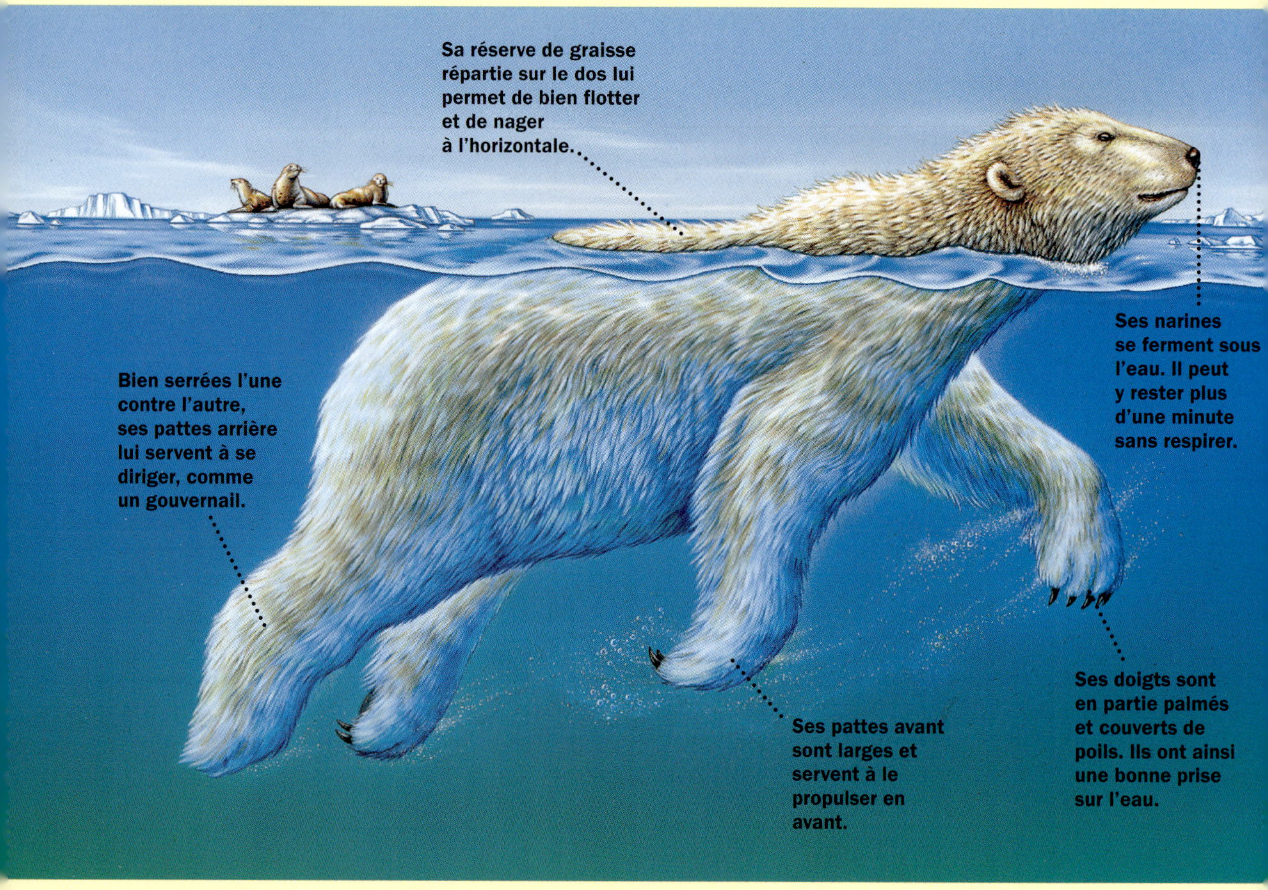

Une couverture chauffante
Les poils de la fourrure de l'ours blanc sont particulièrement longs. Ils mesurent de 10 à 15 cm. Ils sont creux et transparents. L'intérieur du poil est comme une serre : l'air y entre et se réchauffe, sans ressortir. De plus, sous les poils, la peau de l'ours est noire, une couleur qui attire la lumière et la chaleur. Enfin, sous la peau, l'ours a une épaisse couche de graisse qui sert d'isolant. L'ours garde ainsi une chaleur interne constante.

Une vie au ralenti
L'hiver, lorsque l'ours manque de nourriture, son corps ralentit ses fonctions vitales. Son cœur bat plus lentement, donc il consomme moins d'énergie. C'est une façon pour lui de s'économiser jusqu'à ce qu'il trouve de nouveau à manger.

CARTE D'IDENTITÉ

NOMS : *ours blanc ou ours polaire*
NOM SCIENTIFIQUE : Ursus maritimus
TAILLE ADULTE : *3 m dressé sur ses pattes arrière*
POIDS (MÂLE) : *400-600 kilos*
POIDS (FEMELLE) : *150-300 kilos*
POIDS À LA NAISSANCE : *0,5 kilo*
DURÉE DE VIE : *25 ans. En captivité, jusqu'à 40 ans.*
NOMBRE : *entre 25 000 et 30 000, la plupart au Canada.*
RECORD : *il peut avaler 80 kilos de nourriture en un repas !*

La femelle a une portée tous les trois ans. Généralement, elle donne naissance à deux oursons. Les bébés naissent aveugles, avec un duvet de poils très fins.

Une agilité surprenante

Malgré sa taille énorme, l'ours blanc est d'une habileté étonnante. Il peut marcher sur la glace sans la briser, car il répartit son poids sur ses quatre pattes au lieu de peser sur une seule. La plante de ses pattes est garnie de protubérances qui accrochent la glace comme des crampons. Il est capable de rester immobile des heures ; puis, soudain, il bondit en une seconde pour attraper sa proie.

Un redoutable chasseur

L'ours blanc chasse surtout les phoques, c'est pourquoi il reste sur la banquise, près de l'eau. Il se sert beaucoup de son odorat. Par exemple, il est capable de sentir un phoque à un kilomètre de distance ! Il est à la fois patient, habile et puissant, alors peu de phoques lui échappent. Mais en été la banquise fond, et l'ours se retire dans les terres. Il ne mange presque plus rien et vit sur ses réserves de graisse.

Un marcheur solitaire

L'ours polaire parcourt chaque année 4 000 km en moyenne. Il marche lentement, à 5 km/h. Mais il se déplace tout le temps, ce qui lui permet de trouver de la nourriture. En mars, c'est la période d'accouplement. Elle ne dure que quelques jours. Le reste du temps, le mâle vit seul, et la femelle vit avec ses oursons. En général, les ours ne cherchent pas la compagnie, ni la bagarre. Ils préfèrent s'éviter.

Le phoque est la proie favorite des ours polaires. L'ours le dépèce pour manger sa graisse, et il abandonne les restes à d'autres prédateurs.

Une tanière pour la naissance

❶ Dès la fin de l'été, la femelle ours qui attend des petits prépare sa tanière. Avec ses pattes avant armées de griffes, elle creuse dans la neige un tunnel long de 10 m, avec au bout une petite caverne.

❷ En septembre, elle s'y allonge et dort. L'entrée du tunnel est vite recouverte par la neige. Dedans, la température reste proche de 0 °C, alors que, dehors, elle chute jusqu'à – 40 °C. Pendant six mois, l'ourse va vivre sur ses réserves de graisse.

❸ Ses petits naissent en décembre. Ils tètent son lait. Très vite, leur poids de naissance est multiplié par 20, et leur duvet devient une épaisse fourrure. Leur mère, elle, aura perdu 100 kilos !

❹ En mars, l'ourse retourne sur la banquise avec ses petits. Elle les élève deux ans, puis ils la quittent. L'ourse cherche alors un autre mâle pour s'accoupler, et elle donne naissance à d'autres oursons.

Le phoque du Groenland

Le phoque du Groenland vit en mer, entre les côtes du Groenland, du Canada et de la Sibérie. C'est un mammifère marin. Il est amphibie, c'est-à-dire qu'il vit aussi bien dans l'eau que dans l'air.

Naissance sur la banquise
En février, les femelles phoques quittent la mer et montent sur la banquise. Elles s'isolent les unes des autres. Lorsqu'elles sentent que la naissance est proche, elles se couchent sur le dos, et le blanchon naît en une minute. Il est couvert d'une fourrure très épaisse qui le protège du froid.

Deux semaines d'enfance
La femelle se remet à l'eau dès que son petit est né. En effet, l'eau à 0 °C est moins froide que la banquise. De là, elle le surveille et remonte sur la glace pour l'allaiter. L'allaitement dure quinze jours, et le blanchon grossit de 2 kilos par jour. Sa fourrure blanche est un bon camouflage. Elle évite d'attirer l'attention de l'ours blanc, son principal prédateur.

Un apprentissage difficile
Après ces deux semaines, la mère quitte son petit et retourne en mer. Celui-ci commence par l'appeler en pleurant. Il se traîne sur la glace et finit par trouver d'autres blanchons abandonnés. Ils se regroupent. Peu à peu, ils se rapprochent de l'eau, car ils sentent que la nourriture est là! Bientôt, le blanchon perd son duvet blanc. Son pelage gris apparaît. Cette couleur sera un bon camouflage sous l'eau.

Le phoque, qui nage sous la glace, sort respirer par des « trous de respiration ».

Un garde-manger sous l'eau
Pendant quinze jours, les blanchons abandonnés par leur mère ne mangent rien. Ils vivent sur leurs réserves de graisse. Puis, poussés par la faim, ils finissent par se jeter à l'eau. Leur instinct les fait pédaler avec leurs pattes arrière. Ils découvrent qu'ils peuvent attraper des crevettes, le krill. Ils traquent ensuite des proies plus grosses : morue polaire, hareng, capelan. L'eau transparente offre une visibilité parfaite pour la chasse!

Ses pattes arrière servent seulement sous l'eau. Leur forme large et plate permet au phoque de prendre appui sur l'eau pour avancer.

4 000 km par an
C'est la distance que le phoque parcourt chaque année pendant ses migrations. Au printemps, il nage vers le nord, car à cette période les eaux y sont très poissonneuses. À l'automne, il repart au sud, vers sa banquise natale, pour se reproduire. Sa trajectoire est la même chaque année : il suit sans le savoir le chemin de ses ancêtres. Mais sur sa route il doit éviter de dangereux prédateurs : les requins et l'orque.

Le bébé phoque est nommé « blanchon » à cause de son duvet blanc.

Ces deux narvals viennent respirer à la surface. On reconnaît ces cétacés, qui font partie de la famille des dauphins, à leur longue dent torsadée.
Ce morse femelle défendra son petit à coups de dents si une orque approche. Ses dents lui servent aussi à se hisser sur la glace et à creuser les fonds marins pour se nourrir.
Appelé aussi baleine blanche, le bélouga est un cousin du narval.

Le renard polaire

Le renard polaire circule partout entre le Pôle et le cercle polaire arctique. C'est un animal qui bouge sans arrêt afin de trouver de la nourriture, très rare en hiver. On le rencontre aussi bien sur les prairies multicolores de la toundra que sur les plaques flottantes de la banquise.

L'été en famille, l'hiver seul
Au mois de mai, la femelle renard creuse un terrier pour mettre bas. Les renardeaux naissent par portées de trois ou quatre. Leur duvet roux est invisible dans la toundra. La renarde les allaite. Elle reste avec eux pendant trois semaines. Le mâle va chasser pour lui rapporter à manger. La quatrième semaine, les renardeaux goûtent à la viande. À 3 mois, ils sortent jouer devant le terrier. En septembre, à l'âge de 4 mois, les renardeaux quittent leurs parents. Ils partent chacun de leur côté. Ils se couvrent d'un beau pelage blanc.

Une combinaison antigel

Son museau et ses yeux noirs sont les points faibles de son camouflage, car ils se voient de loin sur la neige. Mais, lorsque le renard se met en boule, la queue autour de sa tête, il est totalement invisible.

Ses oreilles sont petites et arrondies, contrairement à celles de son cousin des régions tempérées, le renard roux. C'est une adaptation au froid. En effet, les extrémités du corps se refroidissent toujours en premier.

Le renard a repéré un rongeur grâce à son ouïe. Après un saut ultrarapide, il a bloqué sa proie avec ses pattes. Il va la sortir de terre avec son museau.

Sa queue est épaisse et longue. Elle lui sert d'écharpe quand il affronte les tempêtes de blizzard.

Ses pattes sont couvertes de fourrure, même en-dessous. La circulation du sang est rapide. Tout cela empêche ses pieds de geler.

En mars, le pelage du renard mue. Un pelage brun roux apparaît. Il le gardera jusqu'en septembre, où il redeviendra blanc pour l'hiver.

Dans les pas de l'ours

L'hiver, le renard suit souvent l'ours polaire. Il n'a pas peur de lui, car l'ours chasse surtout les phoques. Et, comme l'ours se contente de dévorer la graisse du phoque, le renard peut profiter de la viande laissée intacte et du reste de la carcasse. Il n'a même pas à chasser !

CARTE D'IDENTITÉ

NOMS : *renard polaire ou renard blanc*
NOM SCIENTIFIQUE : Alopex lagopus
TAILLE : *60 cm* - **POIDS :** *5-8 kilos*
LONGUEUR DE LA QUEUE : *30 cm*
DURÉE DE VIE : *10 ans*
NOMBRE : *il varie chaque année selon la quantité de nourriture que les renardes trouvent. Le plus souvent, une renarde donne naissance à 3 ou 4 renardeaux. Mais, si elle est très bien nourrie, elle peut avoir une portée de presque 20 !*

Les renardeaux naissent souvent par portées de trois ou quatre.

Sa fourrure devient trois fois plus épaisse en hiver. Sous ses longs poils, il a des poils courts, appelés duvet. Jusqu'à – 40 °C, il n'a pas froid.

Du festin à la diète

En été, le renard polaire chasse sans arrêt, environ 18 heures par jour. Il traque les oiseaux et les rongeurs, surtout le lemming, sa proie préférée. Il chaparde les œufs et croque les baies sauvages. Il devient bien gras. Ce qu'il ne mange pas, il l'entasse dans des caches qu'il marque d'un jet d'urine pour les retrouver. Un jour, une cachette de renard a été découverte, avec dedans 36 petits pingouins ! En hiver, la nourriture devient très rare. Le renard n'est pas difficile et mange tout ce qu'il trouve, même des crottes ou des carcasses.

Une toute petite taille

Le renard polaire est deux fois plus petit que son cousin le renard roux, qui vit dans les régions tempérées. Il a plutôt la taille d'un gros chat ! Sa petitesse lui permet de mieux résister au froid. Il a aussi une ouïe si fine qu'il peut repérer le moindre bruit de rongeur sous la neige.

Le renard se roule en boule et laisse la neige le recouvrir. Cette technique lui permet de supporter des températures jusqu'à – 70 °C.

La toundra en hiver et en été

Dans le Grand Nord, l'été est très court. Mais il suffit à faire fondre une grande quantité de neige. Cela transforme totalement le paysage et la vie des animaux.

La toundra en hiver

1 L'harfang des neiges est aussi appelé chouette blanche. C'est un grand chasseur de l'Arctique. Il traque les lemmings, les oiseaux et les lièvres.

2 Le renard polaire a son pelage d'hiver. Roulé en boule, il n'a pas froid et il se rend invisible pour surprendre ses proies.

3 Le lièvre arctique parcourt de grandes distances à la recherche d'herbes et de tiges enfouies dans la neige. Il creuse avec ses griffes pour les trouver.

4 L'ours blanc mâle vit au ralenti. Pendant ce temps, la femelle est dans sa tanière avec ses oursons.

Observe sur ce calendrier la durée du jour et de la nuit dans la toundra, au fil des mois.

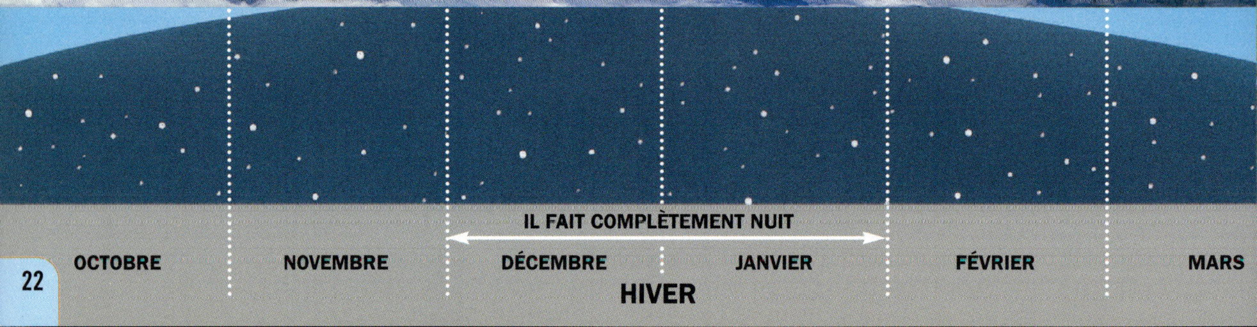

5 L'harfang garde son plumage blanc en été. Mais les plumes de la femelle sont parsemées de taches brunes. Ses taches lui permettent de couver sur le sol sans être repérée. Car elle niche par terre, et non dans un nid.

6 Le renard polaire a son pelage d'été de couleur brune, ce qui lui offre un bon camouflage dans la toundra. Grâce à son ouïe fine, il épie les mouvements des lemmings, sa proie préférée. Quand il n'en trouve pas, il mange des oiseaux ou des œufs.

Le lemming, rongeur du Grand Nord

Il mesure environ 13 cm et ressemble à un hamster. L'hiver, il s'abrite du froid dans des galeries sous la neige. L'été, il se fait un nid avec de l'herbe. Il mange des racines et des mousses. Il se reproduit plusieurs fois par an. Il y a des milliers de lemmings dans la toundra.

7 Le lièvre arctique garde son pelage blanc, ce qui le rend très visible. Heureusement pour lui, il court plus vite que le renard.

8 Le lemming est très actif l'été. Il construit son nid dans l'herbe, et il essaie d'échapper aux griffes du renard et du harfang !

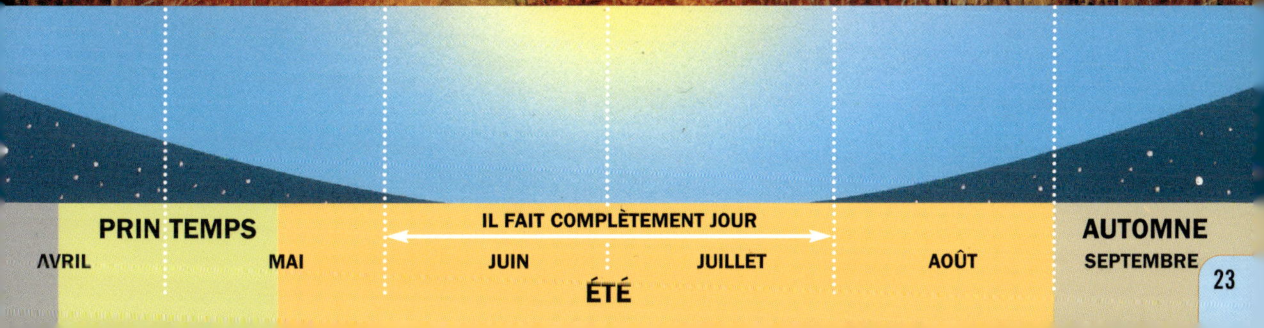

Les oiseaux du Grand Nord

L'été, des milliers d'oiseaux viennent nicher et couver leurs œufs dans le Grand Nord, car la nourriture est abondante. Quand l'hiver revient, la plupart repartent plus au sud. Mais certains oiseaux ont réussi à s'adapter au froid terrible de l'hiver arctique.

Ils partent : les migrateurs
À l'automne, la plupart des oiseaux quittent le Grand Nord, car ils ne peuvent pas supporter le froid extrême de l'hiver. C'est le cas des canards, des échassiers, des oies, des cygnes, et de petits oiseaux comme le bruant des neiges. Ils vont dans des régions tempérées ou en Afrique. Certains, comme la sterne arctique, parcourent des distances extraordinaires.

Ils restent : les sédentaires
Une dizaine d'espèces ont réussi à s'adapter à l'hiver arctique. Leur plumage se double d'un épais duvet. Ils ébouriffent leurs plumes pour créer une couche d'air chaude et isolante. Leurs pattes sont couvertes de plumes. Ils économisent leurs forces et se contentent de très peu de nourriture. Parmi ces oiseaux, on compte le lagopède alpin, le mergule nain, la mouette ivoire.

L'harfang des neiges
On l'appelle aussi la chouette blanche. L'harfang des neiges ne migre pas : il passe l'hiver dans le Grand Nord. C'est un grand prédateur, qui chasse les lemmings, les lièvres arctiques et les oisillons. Quand il chasse, il se poste sur un rocher ou un monticule de neige. Dès qu'il repère le mouvement d'un petit animal, il déploie ses ailes. Et il plonge sur sa proie sans un bruit.

La sterne arctique
On l'appelle aussi hirondelle des mers. Elle détient le record de la plus grande distance parcourue chaque année : 36 000 kilomètres ! Elle passe un été au pôle Nord, l'hiver dans les pays chauds et, l'été suivant, elle va au pôle Sud. Et ainsi de suite.

L'harfang des neiges mesure environ 60 cm. Mais, lorsqu'il déploie ses ailes, elles ont une envergure impressionnante : 1,50 mètre !

Le mergule nain est un tout petit pingouin. Il mesure moins de 20 cm. On le reconnaît à son pelage bicolore. Il vit surtout en mer, où il mange de petits crustacés. Il vient nicher à terre et se rassemble en colonies de milliers d'oiseaux.

La sterne arctique se reconnaît à sa calotte noire sur la tête et à son bec rouge. Le reste de son plumage est blanc et cendré.

Chaque espèce a son régime !

L'oie des neiges, l'oie à bec court, le cygne trompette, le cygne siffleur mangent des plantes aquatiques. Le pluvier argenté, un échassier, mange des insectes et des mollusques. L'harelde boréale et la sterne arctique mangent du poisson. Enfin, les rapaces, comme l'harfang des neiges, le gerfaut, le labbe à longue queue, chassent les oiseaux et les lemmings.

L'été, la neige a fondu

Au printemps, une énorme quantité de neige fond. L'eau n'est pas absorbée par le sol car il est gelé, donc imperméable. La toundra devient un grand marécage. Du plancton se développe dans l'eau. Cela attire aussitôt des milliards de mouches et de moucherons. Les insectes, à leur tour, attirent les oiseaux. Des milliers d'oies, de cygnes, de canards et d'autres oiseaux viennent nicher dans les marécages. Ils empilent des herbes pour fabriquer leur nid, et le tapissent de plumes. Ils couvent leurs œufs et se dépêchent d'élever leurs petits avant le retour du froid. Ce grand rassemblement d'oiseaux attire également les rapaces : ils dévorent les œufs et les oisillons qui ne peuvent s'enfuir.

Le lagopède alpin, appelé aussi perdrix des neiges

En hiver, le pelage du lagopède alpin mue et devient blanc comme la neige. Cet oiseau peut rester immobile 20 heures de suite pour économiser son énergie !

Au printemps, son pelage devient brun et tacheté. Cette couleur se confond avec le sol. Le lagopède fait son nid par terre et couve ses œufs sans bouger.

La mouette ivoire

Elle est parfaitement adaptée à la banquise. Pour se nourrir, elle accompagne très souvent l'ours polaire dans ses chasses. Elle profite ainsi des carcasses de phoques qu'il laisse derrière lui. Elle peut aussi manger des crottes d'ours, de morses et de phoques. L'été, les mouettes ivoire nichent en colonies d'une centaine de couples. Elles s'installent n'importe où, sur un terrain plat ou à haute altitude, sur des falaises enneigées.

La mouette ivoire vit au bord de la banquise ou sur des plaques de glace qui dérivent, poussées par le courant. Elle est de petite taille, environ 40 cm, mais ses ailes déployées mesurent plus d'un mètre. Elle est d'un blanc parfait. Seuls ses yeux et ses pattes sont noirs.

Le caribou et ses cousins

De grands herbivores peuplent le Grand Nord. Les caribous et les élans sont toujours en marche, suivant leurs chemins de migration. Les bœufs musqués, eux, restent l'hiver dans la toundra.

Le caribou, c'est un renne
On l'appelle caribou au Canada et renne en Europe, mais c'est le même animal. Il est bien adapté au grand froid. Son museau est couvert de poils, ce qui lui permet de brouter dans la neige sans geler. Ses larges sabots sont comme des raquettes sur la neige, et dans l'eau ils servent de pagaies.

Des troupeaux en mouvement
Les caribous se déplacent en bandes immenses, qui vont jusqu'à 250 000 individus. Ils suivent des itinéraires très anciens. Les caribous font ces migrations pour se nourrir. En été, ils mangent énormément de lichens. En hiver, ils creusent la neige avec leurs sabots pour trouver de la nourriture. Les femelles s'arrêtent quelques semaines en mai pour donner naissance à leur faon. Trois jours après la naissance, les mères et leurs petits rejoignent le reste du troupeau.

Une particularité des caribous est que les femelles portent aussi des bois. Les mâles perdent leurs bois en novembre, après l'accouplement. Les femelles les perdent en mai, après la naissance de leur faon. Elles les rongent, car c'est une source de calcium pour leur lait. Les bois repoussent très vite, recouverts d'un velours qui active la croissance.

CARTE D'IDENTITÉ

NOMS : *caribou ou renne*
NOM SCIENTIFIQUE : Rangifer tarandus
HAUTEUR AUX ÉPAULES : *1 mètre*
POIDS (MÂLE) : *120-270 kilos*
POIDS (FEMELLE) : *90-150 kilos*
ENVERGURE DES BOIS : *maximum 120 cm. Les bois du faon poussent vers l'âge de 3 mois.*
DURÉE DE VIE : *10 ans*
RECORD : *en été, le caribou peut manger jusqu'à 20 kilos de lichens par jour.*

Les troupeaux de caribous parcourent 1 000 km par an ! Ils marchent de 10 à 30 km par jour. En avril, leur trajectoire les conduit vers le nord, au bord des lacs de la toundra. En septembre, ils retournent vers le sud, à l'abri de la forêt, dans la taïga. Les caribous sont de bons nageurs. Sur leur chemin, ils traversent des rivières rapides avec facilité.

L'élan a des bois larges et majestueux. Ils sont si grands qu'ils atteignent parfois 2 mètres d'envergure. Et leur poids total peut dépasser 40 kilos. Les bois lui servent à se défendre contre les loups. Les femelles élans n'ont pas de bois.

L'élan, ou orignal

L'élan est le plus grand des cervidés. Sa taille peut atteindre 2,40 mètres. Les mâles pèsent en moyenne 500 kilos et les femelles 300 kilos. L'élan vit surtout dans la taïga, au Canada et dans le nord de l'Asie. Il aime aussi brouter dans la toundra l'été, près des lacs et des marécages. Au Canada, on l'appelle orignal.

Une vie plutôt solitaire

Les élans ne vivent pas en immenses troupeaux, comme les caribous. Ils apprécient la solitude. Pourtant, pour parcourir de grands trajets, ils se regroupent afin de mieux se défendre contre leurs prédateurs, les loups. Ils sont d'excellents nageurs et aiment plonger sous l'eau pour cueillir des plantes aquatiques. Mais ce qu'ils préfèrent manger, ce sont les jeunes pousses de saules.

Le bœuf musqué

Il ressemble à un bison, pourtant il est plus proche du mouton et de la chèvre. Son nom, bœuf « musqué », lui vient de la forte odeur du mâle. Celui-ci émet une odeur de musc pendant la période de reproduction. Le bœuf musqué vit surtout dans les îles arctiques. Il peut y rester toute l'année, car il supporte bien le froid. Sa longue fourrure est une épaisse couverture de laine. Malgré sa grande taille et son poids de 300 kilos environ, le bœuf musqué mange très peu. Il creuse la neige avec ses sabots coupants pour trouver des lichens et des mousses. Il reste en petits groupes composés de femelles, de jeunes et de quelques grands mâles.

Les bœufs musqués ne portent pas de bois. Ils se reconnaissent à leur longue fourrure noire et leurs grosses cornes recourbées. Les mâles les utilisent pendant les combats qui déterminent le chef du troupeau, et pendant la période des amours. Le bout des cornes est très pointu. Ils s'en servent pour se défendre lors des attaques de loups.

Les carnivores de la forêt

Dans la taïga vivent beaucoup d'herbivores, et ses rivières regorgent de poissons. Cette région pleine de nourriture attire donc de nombreux prédateurs : loups, rapaces, ours bruns et gloutons.

Le grizzli
C'est un ours brun d'Amérique du Nord. Il porte ce nom à cause des reflets gris de son pelage en automne. Il pèse environ 300 kg, et ses griffes mesurent 15 cm de long. Le grizzli est un animal solitaire. Le seul moment où on le voit en groupe, c'est en été. À cette saison, les grizzlis se regroupent autour des rivières que les saumons remontent. Un ours peut attraper 80 saumons en une journée ! À l'automne, le grizzli chasse jour et nuit, et il grossit beaucoup. Comme il est omnivore, il mange du saumon, mais surtout des végétaux : des baies, des champignons, des racines, des fruits et même de l'herbe. En hiver, il vit sur ses réserves de graisse.

Les rapaces
L'hiver, la plupart des rapaces du Grand Nord migrent dans la taïga. Le pygargue à tête blanche, cousin de l'aigle, a un plumage brun avec la tête et la queue blanches. L'autour est un petit rapace. Alors il gonfle ses plumes pour paraître plus gros ! L'aigle royal a des ailes immenses, de 2 mètres d'envergure. Sa vue est 8 fois supérieure à celle de l'homme. Le gerfaut, le plus grand des faucons, tue ses victimes en les frappant au cou.

Le loup
Son pelage de plusieurs couleurs, avec des zones grises, blanches ou rousses, l'aide à se camoufler aussi bien sur la neige que dans la forêt. Il chasse en meutes de 10 à 20 loups. Cela lui permet d'éparpiller les troupeaux et d'attaquer un renne ou un élan isolé.

L'hiver dans la taïga

❶ **La femelle grizzli s'installe seule dans son terrier pour au moins six mois. Ses petits y naissent en janvier ou en février. Pendant son hibernation, elle perd environ 50 kilos de graisse.**

❷ **Le mâle grizzli reste seul dans son terrier de décembre à mars. Il somnole juste : ce n'est pas un sommeil profond.**

❸ **Le pygargue à tête blanche est actif toute l'année. L'hiver, il se nourrit de carcasses et de poissons morts.**

❹ **L'élan perd ses bois l'hiver. Il mange les mousses et les lichens.**

Le glouton

Il ressemble à un petit ours, mais il est de la même famille que la fouine et l'hermine. Dressé sur ses pattes, il mesure moins d'un m de haut. Il pèse environ 15 kilos. Il est solitaire et bagarreur. Il se nourrit surtout de carcasses de rennes. Il cache les restes de son repas qu'il revient finir plus tard. C'est pourquoi on l'a appelé glouton : il mange tout, jusqu'à la dernière miette.

❺ **Les loups gris se rassemblent en meute pour chasser les animaux affaiblis par le froid.**

❻ **Les campagnols des sapins se cachent entre la neige et la terre. Ils rongent les plantes sous la neige.**

Les p'tits plus

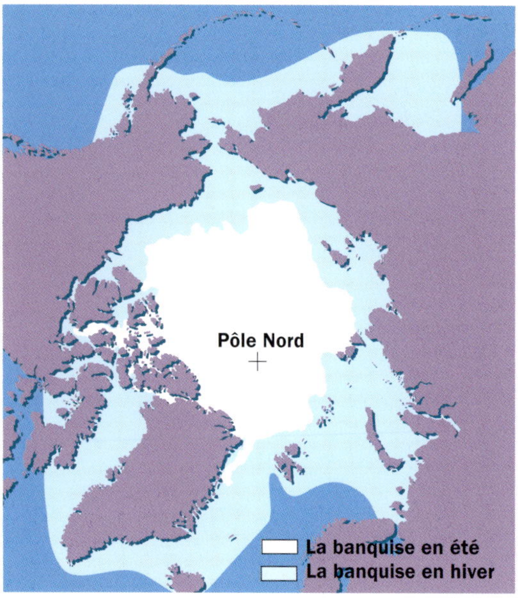

UN OCÉAN GLACÉ

L'océan Arctique est en grande partie recouvert par la banquise. Sur cette carte, tu peux voir sa surface en hiver et en été. À cause du réchauffement du climat, cette surface diminue.

DANGEREUSE CHALEUR

Il fait de moins en moins froid au pôle Nord. Alors, la banquise fond plus vite en été. L'ours blanc manque de temps pour chasser sur la banquise et faire ses réserves de graisse.

DES NAGEURS EXCEPTIONNELS

À l'âge de 3 semaines, cet oiseau marin, le guillemot de Brünnich, réalise une migration spectaculaire. Comme il ne sait pas encore voler, il parcourt 1 000 km à la nage pour rejoindre son lieu d'hivernage !

MIAM, DU LARD !

Les animaux qui vivent aux pôles ont sous leur pelage une épaisse couche de graisse. Cela s'appelle le lard. Le lard les protège du froid. Il sert aussi de réserve d'énergie qui nourrit l'animal en hiver.

COMME UN MOINEAU

Le bruant des neiges est très répandu en Arctique. Tout petit, il ressemble à un moineau. L'été, il fait son nid dans des trous de rochers avec des herbes sèches. Il chasse les insectes nuit et jour. L'hiver, il va se réfugier en Europe du Nord.

POISSON DES EAUX FROIDES

Le requin du Groenland est le plus gros poisson des mers froides. Il vit en Arctique et en Antarctique. Parfois, il migre dans les eaux qui sont entre 6° et 12 °C. Si l'eau est trop chaude, il nage en profondeur, jusqu'à 1 200 mètres. Il se nourrit de poissons et de phoques.

UN ŒIL DE LYNX

Le lynx du Canada vit surtout en forêt, dans la taïga d'Amérique du Nord. Il chasse la nuit, grâce à sa vue très perçante. Son ouïe est fine également. Sa proie favorite est le lièvre, mais il lui arrive aussi de chasser les cerfs.

LE MORSE

Il n'a pas de fourrure, mais une peau épaisse et rugueuse. Sa couche de graisse a 20 cm d'épaisseur. Comme l'otarie, il a les membres antérieurs allongés.

Cela lui permet de se déplacer comme les phoques. Ses deux défenses sont ses canines.

UNE BALEINE COLOSSALE

La baleine du Groenland, appelée aussi baleine boréale ou baleine arctique, vit seulement dans l'océan Arctique. Elle mesure jusqu'à 20 mètres de long et pèse jusqu'à 100 tonnes. Elle a d'immenses fanons qui atteignent 4 mètres.

L'AMI DE L'HOMME

Depuis des milliers d'années, les chiens nordiques permettent aux hommes de se déplacer et de survivre sur la banquise. Les quatre races sont le husky de Sibérie. le malamute d'Alaska, le samoyède et le chien esquimau du Groenland.

TOUT DOUX

La fourrure est formée de plusieurs couches : les jarres, les poils longs et raides du dessus. Et au-dessous le duvet, une fourrure toute douce.

OISEAUX DE MALHEUR

Les grands corbeaux supportent le froid de la taïga. Ils mangent les restes d'animaux morts. À cause de leur plumage noir et de leur croassement, ils sont souvent craints par les hommes.

UN DAUPHIN GÉANT

L'orque, appelée aussi épaulard, est le plus grand des dauphins. Elle mesure 6 à 8 m de long et elle pèse entre 2 et 4 tonnes. On la reconnaît grâce à sa couleur blanche

et noire. L'orque est capable de vivre dans tous les océans. Mais on la voit surtout dans les eaux froides autour des pôles. Elle y chasse les phoques et d'autres mammifères marins. C'est un redoutable prédateur. D'ailleurs, son nom anglais est « killer whale », ce qui signifie « baleine tueuse ».

LA LICORNE DES MERS

Le narval est un cétacé de la famille des dauphins. À cause de la longue dent torsadée dressée sur sa tête, on l'a surnommé la licorne des mers. Cette dent est souvent un attribut des mâles, mais des femelles peuvent en avoir aussi.

FOURRURE BICOLORE

L'hermine vit dans les régions autour du cercle polaire. L'hiver, sa fourrure est blanche, et le bout de sa queue, tout noir. L'été, sa fourrure devient marron, sauf sur son ventre et sa gorge, qui sont beiges.

LE TIGRE DE SIBÉRIE

Il est le plus gros des tigres. Il pèse jusqu'à 360 kilos. Il vit dans le nord de la Russie, dans la toundra. Il parcourt des milliers de kilomètres à la poursuite des cerfs. Il peut avaler 20 kilos de viande d'un coup ! C'est généralement un chasseur solitaire, mais certains tigres vivent en famille.

VOL EN PLEIN VOL

Le labbe à longue queue est un oiseau migrateur. L'été, il vient nicher dans la toundra arctique. Il se nourrit de petits rongeurs et d'insectes. L'hiver, il vit en mer et se nourrit de poissons. Il n'hésite pas à poursuivre les autres oiseaux qui ont attrapé un poisson pour leur voler leur proie.

AÏE, ÇA PIQUE !

Pendant l'été, des millions d'insectes naissent dans la toundra. Les taons et les moustiques piquent les rennes et les élans. Ces derniers se réfugient dans l'eau des rivières.

MENU DU CARIBOU

Le sol de la toundra est couvert de lichen. Cette sorte de mousse est en fait un champignon qui s'est mélangé avec une algue. Le lichen est la principale nourriture des caribous.

Le Grand Sud

Le Grand Sud

L'Antarctique est le seul continent inhabité par l'homme. Le pôle Sud est l'endroit le plus glacial de la Terre. Mais, au bord de l'océan, la vie animale a réussi à se développer.

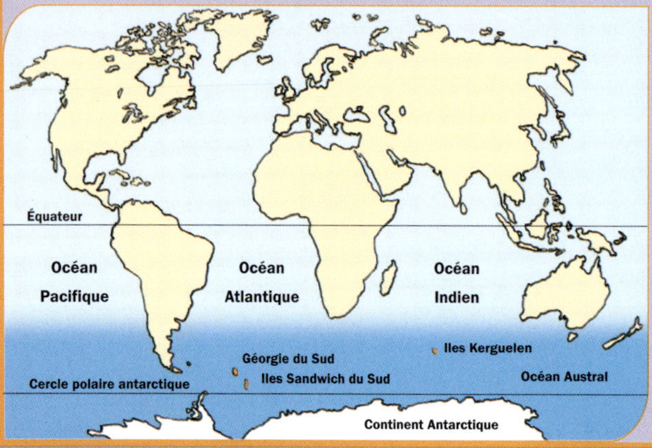

L'Antarctique, un continent gelé

Le continent Antarctique est très grand. Il est couvert d'une épaisse calotte glaciaire. Elle est constituée de la neige qui est tombée pendant 20 millions d'années et qui s'est transformée en glace.

L'océan Austral est immense : il représente presque un quart de la totalité des océans.

Les îles australes sont de petites îles isolées autour de l'Antarctique. Parmi elles, on compte la Géorgie du Sud, les îles Sandwich du Sud, les îles Kerguelen.

Un continent sous la glace
L'Antarctique est un continent. Sa surface est de 14 millions de km^2, c'est-à-dire plus de vingt fois la France. Il est presque entièrement recouvert de glace. Cette couche de glace, appelée inlandsis, est épaisse de 2 300 mètres en moyenne !

Un climat inhumain
Le froid est extrême. La température moyenne est inférieure à – 50 °C. Elle peut descendre jusqu'à – 94 °C. Le froid est rendu insupportable par les vents, qui soufflent jusqu'à 200 km/h. L'intérieur du continent est un désert sans vie.

La vie malgré tout
La vie animale se développe grâce à l'océan, riche en nourriture. De nombreux animaux se sont adaptés pour survivre dans ce froid. Certains, comme les manchots empereurs, se reproduisent même sur le continent.

Le manchot empereur

Cet oiseau est le symbole du pôle Sud, car c'est le seul endroit du monde où il vit. Il est le plus grand des manchots. Très résistant, il accomplit l'exploit de rester en Antarctique tout l'hiver, alors que les autres animaux sont partis en mer.

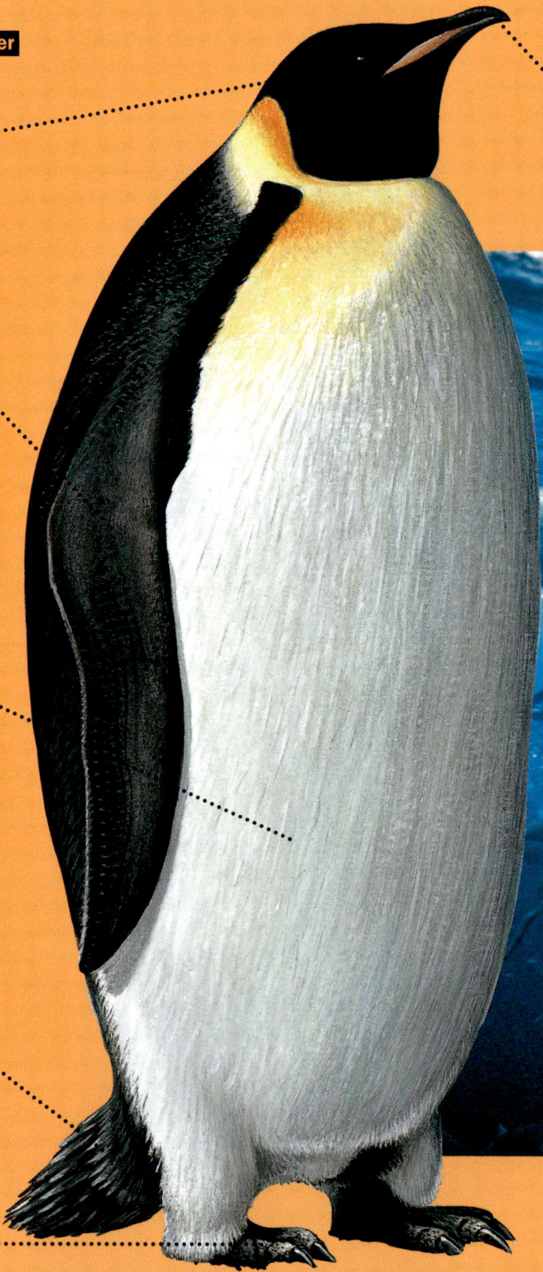

Un oiseau fait pour nager

Il est atteint de myopie : il voit mal de loin. Mais il voit très bien dans la mer, car l'eau agit comme une loupe.

Son bec est long et pointu. Il s'en sert pour attraper les poissons et les petites crevettes.

Ses ailes sont courtes et couvertes de plumes raides. Elles sont d'excellentes nageoires qui propulsent le manchot en avant.

Son plumage est très serré. Il est imperméable. Protégée par les plumes, la peau reste sèche dans l'eau.

Sa queue est triangulaire et raide. À terre, le manchot s'appuie dessus pour se reposer. Sous l'eau, elle lui sert de gouvernail.

Ses pattes sont armées de trois griffes pour accrocher la glace. Elles servent de gouvernail sous l'eau.

CARTE D'IDENTITÉ

NOM : *manchot empereur*
NOM SCIENTIFIQUE : Aptenodytes forsteri
POIDS : *de 23 à 40 kilos*
TAILLE : *environ 1,20 m*
DURÉE DE VIE : *25 ans*
NOMBRE : *200 000 couples*

Un oiseau qui ne vole pas

Le manchot fait partie de la famille des oiseaux marins. Mais ses ancêtres ont adopté la vie sous-marine. Peu à peu, ils ont cessé de voler. Leurs ailes se sont raccourcies. Elles sont devenues des nageoires raides et plates.

Âgés de 40 jours, les poussins sont couverts de duvet. Ils sont regroupés en une sorte de crèche surveillée par quelques manchots adultes.

Le manchot nage dès l'âge de 7 mois. Il pêche sous la banquise jusqu'à 400 mètres de profondeur et remonte respirer à la surface.

Des naissances en plein hiver
Contrairement à la plupart des animaux, les manchots empereurs se reproduisent en hiver. Leur colonie s'installe loin dans les terres, là où la banquise est bien solide. En été, la colonie se disperse pour aller pêcher en mer.

Des parents exemplaires
Le mâle qui couve ne mange rien pendant deux mois. Il perd presque la moitié de son poids. Après la naissance du poussin, le père repart pêcher. Les parents nourrissent leur petit à tour de rôle en revenant l'estomac plein de poisson.

Naissance à – 40 °C sur la glace

MAI

La colonie des manchots s'installe sur son lieu de reproduction, qui est le même chaque année.
Les couples se forment après des échanges de vocalises : ils chantent en duo, puis ils s'accouplent.
Dix jours après, la femelle pond un gros œuf de 440 grammes.

JUIN

La femelle fait glisser, du bout du bec, l'œuf sur les pattes du mâle. Puis elle part pêcher. La mer se trouve à 100 kilomètres ! Pendant deux mois, le mâle reste immobile. Il couve l'œuf sous un repli de peau au-dessus de ses pieds. L'œuf reste à 35 °C.

JUILLET

L'œuf éclôt en plein hiver austral. Le poussin n'a pas encore de duvet. Il reste à l'abri sous le ventre de son père. Celui-ci recrache une espèce de bouillie, qu'il glisse dans le bec du poussin. La mère revient alors de la pêche et prend le relais auprès du petit. Le père, lui, part pêcher en mer.

AOÛT

La mère porte jusqu'à 3 kg de poissons et de crevettes dans une sorte de poche placée entre sa bouche et son estomac. Elle les régurgite sous forme de bouillie pour nourrir son poussin. Vers cinq mois, le poussin perd son duvet, et son corps se couvre de plumes très serrées.

Les autres manchots

Des millions de manchots peuplent les eaux froides du Sud. On dénombre dix-huit espèces. La plupart vivent au bord du continent Antarctique, l'hiver sur terre, et l'été en mer.

Les manchots Adélie se reconnaissent à leur tête et leur bec noirs. De mars à octobre, ils dérivent sur les icebergs. Au printemps, ils viennent nidifier sur le continent.

Quatre façons d'avancer

Le manchot avance à petits pas. Il ne peut pas aller vite, car ses pattes ne sont pas antidérapantes.

Sur les pentes verglacées, il avance bien plus vite en se laissant glisser sur le ventre.

Ses ailerons rigides lui servent de pagaies. Il exécute des sauts comme un dauphin.

C'est sa façon de se déplacer la plus rapide. Il peut ainsi parcourir 100 km par jour.

Des colonies gigantesques

Pour affronter le terrible hiver de l'Antarctique, les manchots se regroupent par milliers sur la banquise. Certaines colonies dépassent les 100 000 individus et s'étendent sur plusieurs kilomètres. Les manchots arrivent pourtant à se reconnaître entre eux, grâce à leur chant.

Un bon sens de l'orientation

Les manchots sont de grands marcheurs, même s'ils sont très lents. Ils parcourent plus de 100 kilomètres sur la neige entre la mer et leur lieu de reproduction. Ils font cet aller-retour de nombreuses fois pour nourrir leur poussin. Ils ne se perdent jamais, et ils prennent toujours le chemin le plus direct.

L'habitude de jeûner

Les manchots sont habitués à ne pas manger régulièrement. Par exemple, en janvier, lorsque leur plumage mue, leurs plumes ne sont plus imperméables. Ils ne vont plus à l'eau et restent quatre semaines sans manger. Les manchots jeûnent aussi pendant la période de reproduction. Ils survivent alors grâce à leurs réserves de graisse.

Les dangers de la mer

Les jeunes manchots se jettent à l'eau dès l'âge de 7 mois. Ils sont alors des proies idéales pour le léopard de mer et les oiseaux prédateurs comme les skuas ou les pétrels géants. Les manchots adultes, eux, doivent échapper aux requins et aux orques.

Le manchot royal ressemble énormément au manchot empereur. Mais il est plus petit, et il n'a pas cette zone de plumes blanches remontant vers la nuque qui caractérise le manchot empereur.

Le manchot à jugulaire se reconnaît à son trait de plumes noires sur les joues. Il est agile et combatif. Il vit surtout sur les petites îles de l'océan Austral.

Le gorfou macaroni a de longues plumes jaunes au-dessus des yeux. Il vit sur les côtes rocheuses des îles australes. La femelle pond deux œufs, mais seul le plus gros éclôt.

Les manchots royaux sont les deuxièmes plus grands manchots après les manchots empereurs. Ils vivent sur les îles de l'océan Austral. Leurs colonies ne se dispersent pas et sont permanentes.

La technique de la tortue

Pour résister au froid mortel, les manchots ont une ruse : ils se serrent en rond les uns contre les autres pour former comme une grosse tortue, en tournant le dos au vent. Les manchots du milieu se réchauffent, puis ils laissent leur place aux autres. Ils se relaient ainsi sans arrêt.
Une « tortue » peut compter 6000 individus !

Concours de manchots

LES PLUS GROS : *40 kilos, ce sont les manchots empereurs.*

LES PLUS NOMBREUX : *9 millions de couples, ce sont les gorfous macaronis.*

LES PLUS FRILEUX : *ils vivent à l'équateur, ce sont les manchots des Galapagos.*

LES PLUS PETITS : *40 cm, ce sont les petits manchots bleus.*

La baleine à bosse

La baleine, le géant des mers, est le plus grand animal de notre planète. Elle fait partie de la famille des cétacés. Elle est présente dans tous les océans, mais elle a une préférence pour les eaux froides.
La baleine à bosse est surtout célèbre pour ses sauts.

Grâce aux muscles puissants de son dos, la baleine à bosse peut sauter à 4 mètres au-dessus de l'eau.

Comment un mammifère terrestre est devenu marin

Il y a 58 millions d'années, les ancêtres des cétacés étaient des mammifères terrestres qui vivaient au bord de la mer.

Ils ont passé de plus en plus de temps dans l'eau. Leur fourrure s'est raccourcie, leurs oreilles ont rapetissé.

Il y a 45 millions d'années, leurs pattes sont devenues des nageoires et leur fourrure a totalement disparu.

Il y a 26 millions d'années, les cétacés ressemblaient déjà aux cétacés que nous connaissons aujourd'hui.

La famille des cétacés
Les cétacés sont des mammifères marins au sang chaud. Leur nageoire caudale est horizontale et elle s'agite de bas en haut. On distingue les cétacés à dents, comme le dauphin et l'orque, et les cétacés à fanons, comme la baleine.

La famille des baleines
À côté de la baleine à bosse, il existe douze autres espèces de baleines. Parmi elles, la baleine franche, qui n'a pas d'aileron dorsal, et le rorqual qui, lui, a des sillons sous sa tête.
La baleine bleue peut dépasser 30 m de long !

La baleine à bosse donne naissance à un baleineau tous les trois ans. Il mesure 4 mètres et pèse environ 1 tonne. Il est pourtant la proie des orques et des grands requins. Sa mère le protège et reste avec lui pendant un an.

Un aliment minuscule

La baleine se nourrit de krill, des crevettes qui se regroupent par milliers. La baleine à bosse en mange une tonne par jour. Elle ouvre la bouche pour faire entrer l'eau, puis elle la recrache. Les fanons, qui sont de longues lames en corne, retiennent les crevettes prisonnières.

La voyageuse des mers

La baleine effectue d'immenses migrations. En été, elle se nourrit dans les eaux poissonneuses des pôles. En hiver, elle se reproduit dans les eaux tropicales pauvres en poissons. Elle vit alors sur ses réserves de graisse.

CARTE D'IDENTITÉ

NOM : *baleine à bosse*
SURNOM : *clown des mers, à cause de ses sauts*
NOM SCIENTIFIQUE : Megaptera novaeangliae
TAILLE : *16 mètres* - **POIDS :** *36 tonnes*
SIGNE PARTICULIER : *les femelles sont plus grosses que les mâles.*
RECORD : *elle peut rester 30 mn sous l'eau sans respirer !*

La baleine, géant des mers !

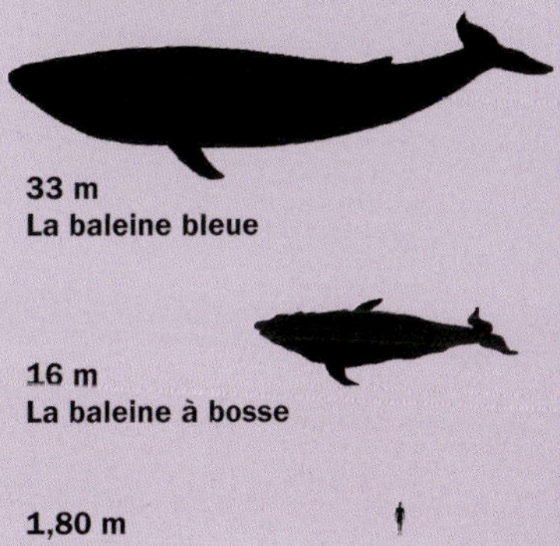

Le souffle de la baleine

La baleine n'a pas de branchies comme les poissons, mais des poumons. Elle respire à la surface grâce aux évents situés au sommet de sa tête : ces trous sont comme des narines. La baleine rechasse l'air mélangé à de la vapeur d'eau ; on appelle cela le souffle. On l'aperçoit de très loin.

Le chant de la baleine

La baleine à bosse peut émettre mille sons différents. C'est un langage très compliqué. Pendant la période de reproduction, le mâle signale sa présence à la femelle en chantant. Ce chant s'entend parfois à 500 kilomètres. La femelle le rejoint, et onze mois plus tard elle donne naissance à un baleineau.

La nageoire caudale de la baleine à bosse peut atteindre 4,50 mètres de large. Elle sort de l'eau quand la baleine commence sa plongée.

Les animaux de l'océan Austral

L'océan Austral est parsemé de petites îles isolées. Une de ces îles s'appelle la Géorgie du Sud. De nombreux oiseaux et mammifères marins viennent s'y reposer et s'y reproduire.

La vie sur une île

❶ **Le pétrel géant vit en mer pendant l'hiver. En été, il vient nicher à terre. Il s'attaque alors aux nids et aux jeunes oiseaux d'autres espèces.**

❷ **Les éléphants de mer se reposent sur les plages de sable ou de galets. Les grands mâles s'affrontent entre eux pour marquer leur territoire.**

❸ **Les manchots royaux se regroupent en immenses colonies, appelées manchotières. La plus grosse manchotière compte 250 000 individus.**

❹ **Les otaries à fourrure se regroupent par centaines. Chaque mâle veille sur une quinzaine de femelles qui vivent sur son territoire.**

❺ **L'albatros hurleur déploie ses longues ailes et les bloque. Il peut voler ainsi très longtemps sans se fatiguer.**

❻ **Le manchot royal poursuit les poissons lanternes jusqu'à 400 m de profondeur. Il peut rester plus de 10 minutes sans respirer.**

❼ **Les poissons lanternes mesurent environ 15 centimètres. Ils passent la nuit en eaux profondes et remontent le jour vers la surface.**

❽ **L'orque est appelée aussi épaulard. Elle chasse en famille ou en bande. Elle se nourrit de poissons, mais aussi de manchots, de phoques et d'otaries.**

❾ **Les calmars nagent en groupes immenses. Pour se défendre contre les attaques des éléphants de mer ou des albatros, ils lâchent un jet d'encre qui obscurcit l'eau.**

❿ **Le jeune éléphant de mer peut descendre dans l'eau plus profondément que l'orque. Cela lui permet de lui échapper.**

Des îles inhabitées

Les îles australes sont loin de tout et peu accueillantes. Leur relief est rocheux, car elles sont d'origine volcanique. Le climat est très pluvieux, et des vents violents soufflent sans arrêt. Ainsi, les animaux ont pu se multiplier sans souffrir de la présence de l'homme.

Le paradis des oiseaux

Des millions d'oiseaux et de mammifères marins sont attirés ici par une mer très riche en nourriture. Elle regorge de plancton, de crevettes et de calmars. À terre, la végétation est maigre, avec quelques arbustes rampants, de l'herbe et des algues. Mais cela suffit aux oiseaux, qui installent leurs nids sur le sol ou dans les rochers. On trouve de nombreuses espèces, comme les albatros, les goélands, les pétrels géants, les cormorans, les fulmars antarctiques.

Quelques prédateurs

Certains oiseaux sont des prédateurs : le pétrel géant, par exemple, pille les nids et s'attaque aux jeunes oiseaux. Dans l'eau, le plus grand prédateur est l'orque, qui chasse les mammifères marins et les manchots. Le léopard de mer est aussi un redoutable chasseur.

Une île pour faire son nid

Les îles sont précieuses pour les oiseaux marins. Après de longs mois en pleine mer, ils reviennent à terre pour commencer leurs parades amoureuses. La plupart des espèces pondent leurs œufs entre octobre et janvier.

L'éléphant de mer et ses cousins

L'éléphant de mer fait partie de la famille des pinnipèdes. Ce sont des mammifères marins qui se nourrissent dans l'eau et viennent se reproduire à terre. Ils peuplent tous les océans, et certains vivent dans les eaux polaires de l'Antarctique.

L'éléphant de mer mâle a un nez en forme de trompe qui se développe tout au long de sa vie. C'est à cette particularité que ce phoque doit son nom.

L'éléphant de mer vient à terre deux fois par an : en septembre, pour se reproduire, et en janvier, lorsque son pelage mue.

Le plus grand des phoques
L'éléphant de mer est une sous-espèce de phoque. On le trouve surtout autour des îles australes. Les mâles se reconnaissent à leur grande taille, qui peut dépasser 5 mètres. Les femelles sont beaucoup plus petites. Ils passent leur temps dans l'eau et se nourrissent de poissons.

Des mâles bagarreurs
Les éléphants de mer sont violents au moment de la reproduction. Les mâles dominants rassemblent une trentaine de femelles pour s'accoupler. Ils sont attaqués par de jeunes mâles, qui tentent de prendre leur place. En revanche, dans l'eau, les éléphants de mer sont pacifiques.

CARTE D'IDENTITÉ

NOM : *éléphant de mer du Sud*
NOM SCIENTIFIQUE : Mirounga leonina
TAILLE (MÂLE) : *4 à 6 mètres*
POIDS (MÂLE) : *3 à 4 tonnes*
RECORD : *il plonge à plus de 1 800 mètres de profondeur et peut rester deux heures sans respirer.*

Le phoque crabier a un museau retroussé. Avec 40 millions d'individus, c'est l'espèce de phoques la plus nombreuse.

Le phoque de Weddell se reconnaît à sa tête, très petite par rapport à son corps. Il est l'un des meilleurs plongeurs.

L'otarie à fourrure porte ce nom à cause de la crinière que les mâles ont sur la tête et autour du cou.

Que signifie « pinnipède » ?

« Pinnipède » veut dire « pied-nageoire ». Toutes les espèces de pinnipèdes ont des pattes en forme de nageoire. C'est pourquoi ils sont très rapides sous l'eau. En revanche, à terre beaucoup sont maladroits et peu mobiles.

Deux façons d'avancer

Les phoques se déplacent sur la terre en rampant ou en faisant onduler leur corps. Ils sont plus agiles dans l'eau. Les otaries, elles, avancent en se hissant sur leurs nageoires avant. Elles peuvent grimper sur des rochers, et même sauter.

D'excellents plongeurs

Les pinnipèdes ont un corps en forme de fusée, parfait pour nager. De plus, ils se sont adaptés à la plongée en apprenant à stocker de l'oxygène. Les champions d'apnée sont l'éléphant de mer et le phoque de Weddell, qui peuvent nager plus d'une heure sans respirer. Cela leur permet d'échapper à leur ennemi sous-marin, l'orque.

Le léopard de mer, appelé aussi phoque léopard, a des taches rondes sur son pelage. Sa tête ressemble à celle d'un reptile.

Des frères ennemis

La plupart des pinnipèdes se nourrissent de crevettes, de mollusques et de poissons. Le léopard de mer est différent. Il chasse de plus grosses proies, comme les manchots. Et, quand il a faim, il n'hésite pas à s'attaquer à ses propres « frères », les phoques. Sa mâchoire est armée de dents de fauve. Après l'orque, il est le plus redoutable prédateur de l'Antarctique.

Une famille nombreuse

La famille des pinnipèdes regroupe les otaries, les phoques et les morses. Les otaries et leurs cousins les lions de mer vivent dans les océans au sud de l'équateur et dans l'océan Pacifique. Les phoques vivent dans tous les océans. Mais ils sont différents d'un endroit à l'autre. Par exemple, les éléphants de mer de l'hémisphère Nord sont plus petits que ceux de l'Antarctique. Les morses, eux, ne vivent qu'autour du pôle Nord.

Ce bébé phoque crabier est né à terre, comme tous les pinnipèdes. Sa mère doit le défendre contre les oiseaux prédateurs.

L'albatros hurleur

Les albatros sont les plus grands oiseaux marins du monde. Et, parmi eux, l'albatros hurleur est un géant. C'est un voyageur qui passe des mois entiers à planer au-dessus de l'océan Austral.

Ce couple d'albatros hurleurs se retrouve tous les deux ans sur la même île pour se reproduire.

Une jeunesse solitaire
L'albatros hurleur passe les six premières années de sa vie tout seul. Il survole l'océan Austral sans jamais aller à terre. Il se pose sur l'eau pour attraper les calmars et les poulpes avec son bec.

De longues fiançailles
Vers l'âge de 7 ans, les jeunes albatros reviennent enfin à terre. Ils retournent sur l'île où ils sont nés. Le mâle se rapproche d'une femelle, et ils répètent leur ballet nuptial sans s'accoupler. Puis ils se séparent pour une année. Après quatre ans de « fiançailles », le couple est formé. Il restera uni jusqu'à la mort de l'un des deux.

CARTE D'IDENTITÉ

NOM : *albatros hurleur*
NOM SCIENTIFIQUE : Diomedea exulans
POIDS (MÂLE) : *8 à 12 kilos*
POIDS (FEMELLE) : *7 à 9 kilos*
DURÉE DE VIE : *jusqu'à 80 ans, ce qui est exceptionnel chez les oiseaux.*
RECORD : *l'envergure de ses ailes est de 3,50 m.*

Le poussin âgé d'un mois reste seul au nid. Ses parents vont lui chercher de la nourriture.

Un jeune albatros hurleur en vol

Un œuf tous les deux ans

Contrairement à la plupart des oiseaux, l'albatros hurleur ne se reproduit pas chaque année, mais tous les deux ans. Sur l'île de leur naissance, le mâle et la femelle se retrouvent pour une parade nuptiale : ils dansent, se saluent et poussent des cris. Ils construisent un nid avec de la terre et de l'herbe. Fin novembre, la femelle pond un gros œuf de 500 grammes.

Une couvade partagée

La femelle couve son œuf pendant un mois. Elle reste sans boire ni manger. Puis le mâle vient prendre sa place. Le couple se relaie ainsi pour couver l'œuf pendant 80 jours. L'éclosion a lieu fin février. Les parents restent auprès du poussin pendant un mois.

Un poussin seul au nid

Le poussin reste dans son nid pendant neuf mois. Ses parents lui apportent de la nourriture stockée dans leur jabot, une poche de leur estomac. Le poussin est protégé du froid par son duvet épais. Mais il n'est pas à l'abri des attaques du labbe, un oiseau prédateur.

Le vagabond des mers

Dès 9 mois, le jeune albatros quitte ses parents et s'envole. Il apprend à pêcher et à se laisser porter par le vent. Les marins ont surnommé l'albatros le « vagabond des mers ». Il peut parcourir 500 kilomètres par jour en exécutant seulement quelques battements d'ailes.

Des ailes encombrantes

À terre, l'albatros est très maladroit à cause de ses ailes immenses. Il lui arrive souvent de faire la culbute en atterrissant. Il marche en se dandinant sur ses pattes très larges. Parfois il pose l'une de ses pattes sur l'autre et s'écroule !

D'autres familles d'albatros

L'albatros à tête grise doit son nom au plumage gris qu'il a autour de la tête et du cou.

L'albatros à sourcils noirs a une zone sombre autour de l'œil, dessinant un sourcil.

L'albatros fuligineux se distingue des autres albatros par son plumage entièrement gris.

Les p'tits plus

DE NOUVEAUX ARRIVANTS

Sur certaines îles de l'Antarctique, de nouvelles espèces d'animaux sont arrivées avec des humains. Par exemple, aux Kerguelen, les hommes ont introduit chats, lapins, rennes et mouflons. Il y a même des rats qui ont voyagé au fond des bateaux !

GROS GLOUTON

Le grand labbe, ou grand skua, est un redoutable prédateur. Il se nourrit de tout : poissons, œufs, oiseaux et déchets.

Il poursuit même les autres oiseaux pour leur voler leur nourriture.

LE KRILL

Ce crustacé d'environ 6 cm est l'aliment de base des baleines. Le krill vit en groupes gigantesques qui peuvent peser jusqu'à 2 millions de tonnes ! Le banc de krill occupe alors des centaines de kilomètres sous l'eau.

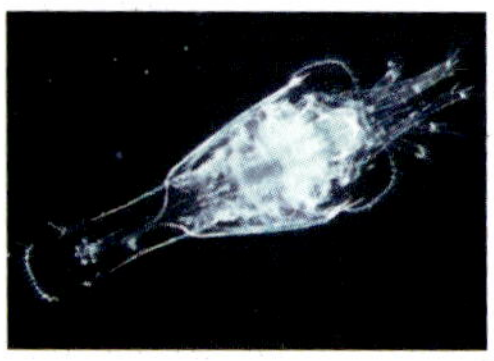

BÉBÉS EN CRÈCHE

Les bébés manchots, regroupés en une sorte de crèche, sont gardés par quelques adultes, pendant que les parents partent se nourrir. D'autres espèces d'animaux, comme les chauves-souris ou les flamants roses, font la même chose.

COSTUME BICOLORE

Le damier du Cap doit son nom au plumage de son dos. Les taches noires et blanches forment un dessin qui ressemble à un damier. Cet oiseau vit le plus souvent en pleine mer, autour des îles australes.

FROID AUX AILES

Le cormoran antarctique est un oiseau marin aux pattes palmées. Pour faire sécher ses plumes, il ouvre grand ses ailes.

LA BALEINE BLEUE

Appelée aussi le rorqual bleu, cette baleine est le plus gros animal du monde. Elle peut mesurer jusqu'à 33 mètres de long et peser 150 tonnes. Sa langue à elle toute seule pèse 5 tonnes.

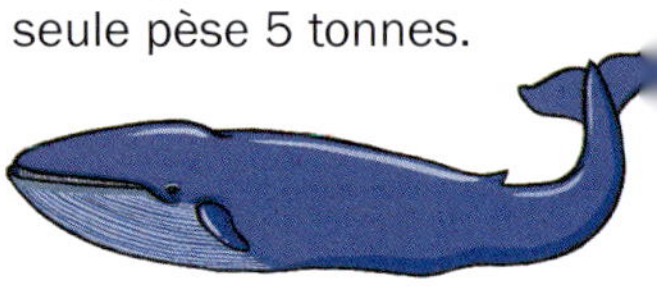

On ne la voit pas souvent à la surface car elle aime nager en profondeur.

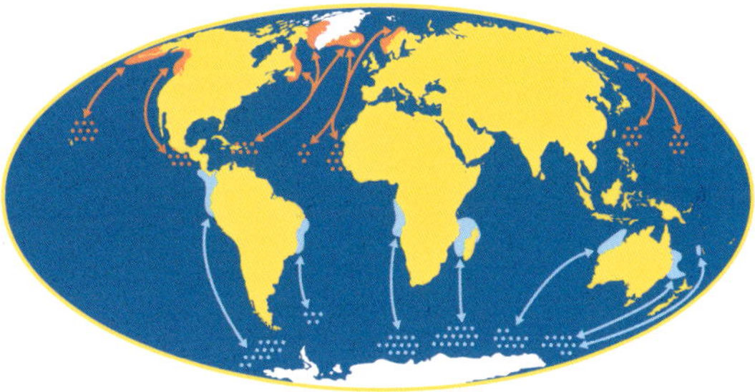

LA MIGRATION DES BALEINES

Les flèches montrent les routes de migrations. Dans l'hémisphère Nord, les baleines passent l'hiver au sud (points rouges) et l'été au pôle (taches rouges). Dans l'hémisphère Sud, elles passent l'été au pôle (points bleus) et l'hiver au nord (taches bleues).

DES OS LOURDS

Les manchots ne volent pas, mais ils nagent. Alors que les autres oiseaux ont un squelette léger pour pouvoir voler, les manchots ont des os assez lourds. Cela leur permet de plonger et de nager.

LE FULMAR ANTARCTIQUE

Le fulmar antarctique peut boire l'eau de mer, car il a une glande de dessalage qui filtre le sel de l'eau. Le sel est rejeté par ses narines au-dessus du bec, qui ont une forme de tube.

GARE AU CARACARA !

Le caracara austral, surnommé « caracara funèbre », fait partie de la famille des faucons. Agile et audacieux, il fait des vols en piqué pour attaquer les manchots et les poussins albatros.

PILLEUR DE NID

Le chionis est le seul oiseau des îles australes qui n'ait pas les pattes palmées. Il rôde autour des colonies de manchots et pille tout ce qu'il trouve. Il vole les œufs, et il mange aussi les déchets des autres oiseaux.

FAMEUX FANONS

Les baleines n'ont pas de dents, mais des fanons. Ce sont de longues lames en corne qui sont suspendues à la mâchoire supérieure de la baleine. Très nombreuses, ces lames forment comme un rideau qui retient les crevettes prisonnières.

OÙ VIVENT LES MANCHOTS EMPEREURS ?

Sur cette carte de l'Antarctique, la couleur orange montre les zones où nichent les manchots. Le point noir désigne leur plus grosse colonie.

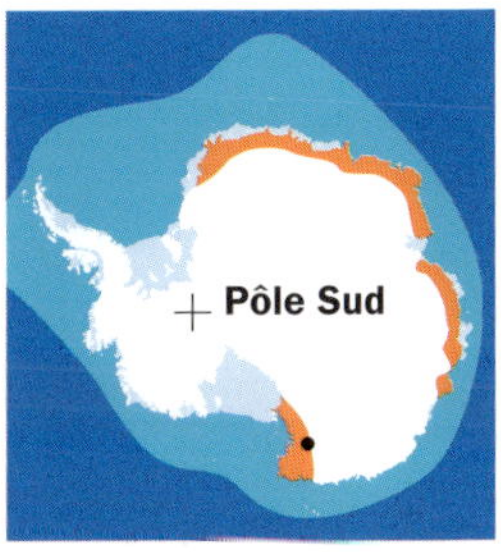

La couleur bleu clair désigne leurs lieux de pêche.

LE LION DE MER AUSTRAL

Il fait partie de la famille des otaries. Le mâle est trois fois plus gros que la femelle. Il doit son nom à sa crinière qui fait penser à un lion.

REMÈDE ANTIGEL

De nombreux poissons de l'océan Austral vivent au fond

de la mer, dans l'eau très froide. Mais leur sang ne gèle pas. En effet, des molécules antigel circulent dans leur sang et empêchent les cristaux de glace de se former.

MAUVAISE ODEUR

Le pétrel géant, ou fulmar géant, est un cousin du fulmar antarctique. Mais il est beaucoup plus gros : il a la taille d'un albatros. Il se nourrit de carcasses d'animaux morts. Son odeur forte lui a valu le surnom de « puant ».

UN NID BÂCLÉ

Le nid des albatros mesure environ 1 mètre de diamètre et 30 cm de haut. C'est un mélange de terre et d'herbes à l'aspect peu soigné.

Le poussin va pourtant y rester presque 300 jours avant de s'envoler.

BARRAGE ANTIFROID

Pour ne pas souffrir du froid, les pinnipèdes (otaries, phoques et morses) ont plusieurs protections naturelles. Leur corps sécrète une huile qui rend leur fourrure imperméable. Et une épaisse couche de graisse stockée sous leur peau les isole du froid.

LE PINGOUIN

Les pingouins vivent dans les mers froides de l'hémisphère Nord. On les confond souvent avec les manchots, car ils ont un air de ressemblance. En plus, en anglais, les manchots se nomment « penguin ». Pourtant, ils ne font pas partie de la même famille. Les pingouins sont petits : ils mesurent environ 40 cm.

Les hautes montagnes

Les hautes montagnes

Sur les plus hautes montagnes du monde, il fait un froid glacial, les vents sont violents, l'air manque. Pourtant, des animaux y vivent en se nourrissant d'un rien et en buvant de l'eau glacée.

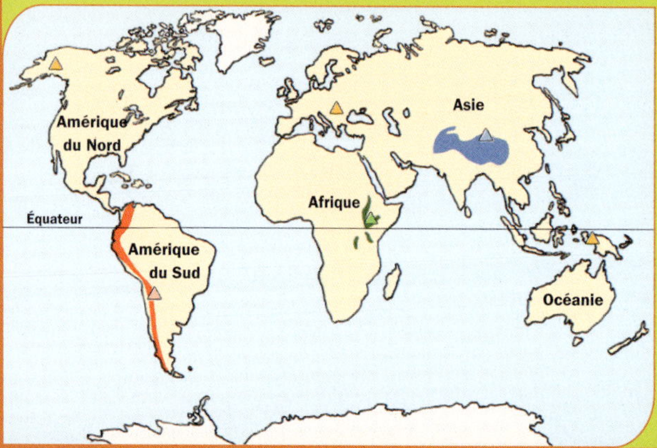

Les plus hautes montagnes du monde

En Asie, la chaîne de l'Himalaya. Le mont Everest culmine à 8 850 mètres.

En Amérique du Sud, la cordillère des Andes. Le mont Aconcagua culmine à 6 959 mètres.

En Afrique, les volcans éteints. Le mont Uhuri (Kilimandjaro) culmine à 5 895 mètres.

Les autres hauts sommets : en Amérique du Nord, le mont McKinley ; en Europe, le mont Elbrouz ; en Indonésie, le pic Jaya.

C'est comme aux pôles
Grimper sur une montagne, c'est comme aller de l'équateur aux pôles. Il fait de plus en plus froid. En bas, la température peut être tropicale, et tout en haut, il fait un froid polaire. La végétation change donc avec l'altitude.

C'est comme des îles
Les animaux qui vivent en altitude sont isolés sur leurs montagnes comme sur des îles. Ils ne peuvent descendre dans les vallées à cause du changement de température. C'est pourquoi, on ne rencontre certains de ces animaux nulle part ailleurs.

C'est presque un désert
En montagne, les animaux disposent de beaucoup d'espace, car les humains et les animaux prédateurs sont peu nombreux. Mais la nourriture et l'eau sont rares aussi. Et les conditions de vie sont si rudes que peu d'espèces résistent.

Les coureurs des hauts plateaux

En Amérique du Sud, la vigogne, le guanaco, le lama et l'alpaga vivent sur les plateaux des Andes, jusqu'à 5 700 mètres d'altitude. Ces animaux de la famille du chameau ont un pelage épais. Ils supportent des vents violents et des températures très basses.

Le guanaco est deux fois plus grand que la vigogne. Il se nourrit d'herbe et de feuillages.

De maigres repas

Sur les hauts plateaux des Andes, la végétation est rase et les buissons sont rares.
Pour brouter, la vigogne étire son long cou vers le sol. Elle pince les touffes d'herbe avec sa lèvre supérieure fendue en deux.
Puis elle tranche l'herbe sans l'arracher entre ses incisives. L'herbe rêche use vite les dents. Heureusement, celles de la vigogne poussent en continu toute sa vie !

CARTE D'IDENTITÉ

NOM : *vigogne*
NOM SCIENTIFIQUE : Vicugna vicugna
LONGUEUR DU CORPS : *1,10 m*
HAUTEUR AUX ÉPAULES : *85 à 95 cm*
NOMBRE : *environ 85 000, grâce à sa protection. Il n'y en avait plus que 6 000 en 1960.*
RECORD : *elle court à 47 km/h à 4 500 mètres d'altitude.*
SIGNE PARTICULIER : *à la différence du chameau, elle a besoin de boire tous les jours.*

Sauvages et domestiques
La vigogne et le guanaco sont des animaux sauvages. Ils vivent en groupes composés d'un mâle et de 5 à 8 femelles avec leurs petits.
Chaque groupe occupe un territoire. Les lamas et les alpagas sont, eux, des animaux domestiques. Ils sont élevés en troupeaux par les habitants des Andes depuis plus de 6000 ans.

Lama à tout faire
L'alpaga et le lama ont pour ancêtre le guanaco. Les poils soyeux de l'alpaga servent à tisser des tissus chauds.
Le lama est élevé pour sa laine, sa peau et sa viande. Il est aussi utilisé pour transporter des marchandises sur des chemins d'altitude. En effet, le lama se déplace agilement sur les pentes.

De l'air rare
En l'altitude, il y a moins d'air. La vigogne et ses cousins disposent donc de peu d'oxygène.
Pourtant, comme leur sang est riche en globules rouges, ils fixent un maximum d'oxygène dans leurs poumons.
Cela leur permet de respirer sur les sommets aussi bien que d'autres animaux dans les vallées.

Le crachat de la colère
Les lamas et les alpagas sont agressifs. En groupe, ils n'hésitent pas à attaquer leurs prédateurs, le renard des Andes et le puma. Les mâles crachent parfois le contenu de leur panse sur l'intrus.

Cet alpaga est herbivore, comme son ancêtre le guanaco. Ici au Pérou, il broute à 4000 m d'altitude, bien au-dessus de la cité inca de Machu Picchu.

Le condor des Andes

Ce vautour est l'oiseau volant le plus lourd du monde. Pourtant le condor arrive à survoler les sommets de la cordillère des Andes, à plus de 6 000 mètres d'altitude ! Peu d'oiseaux sont capables de vivre aussi haut.

Ascenseur pour les sommets
Le condor s'élève dans les airs sans battre des ailes. Pour cela, il étale largement ses ailes sur les courants d'air qui remontent le long des montagnes. En effet, l'air chaud de la vallée s'élève naturellement. Le condor passe ainsi rapidement et sans effort du bord de mer aux sommets. Il parcourt de grandes distances en planant sur plusieurs kilomètres sans donner un seul coup d'ailes.

Les condors des Andes s'installent ensemble pour la nuit.

Une tête de vautour

Son cou est long et dénudé. Ainsi, quand le condor enfonce sa tête dans une carcasse pour manger, il ne risque pas de tacher ses plumes avec du sang.

La crête charnue est une particularité du mâle. Elle mesure 10 cm de long et 5 cm de haut.

Son bec est robuste et crochu. Il ne sert pas à tuer, mais à découper la chair.

La collerette à la base du cou est formée de duvet blanc.

Monsieur ou madame ?
Le condor devient adulte vers l'âge de six à huit ans. Le mâle et la femelle ont alors un aspect différent. La femelle, plus petite, n'a pas de crête. La peau de sa tête est noire et sa collerette blanche est plus étroite.

Un champion de haut vol

Pendant le vol, le condor maintient ses ailes étendues et rigides. Elles mesurent jusqu'à 3,10 mètres d'un bout à l'autre. C'est aussi long qu'une voiture !

Des plats préparés

Le condor des Andes se nourrit d'animaux morts. On dit qu'il est charognard. Il recherche des cadavres de cerfs, de lamas et de petits mammifères. Il descend aussi parfois sur les plages pour dépecer une baleine ou un phoque échoués. S'il ne trouve pas de charognes, il s'attaque aux œufs des oiseaux marins, à des agneaux ou à des jeunes lamas égarés. Il peut aussi rester une semaine sans rien manger.

Un poussin précieux

Un couple de condors est uni pour la vie, sauf accident. La femelle pond un œuf tous les deux ans, sur la corniche d'une paroi rocheuse abritée. En effet, à 3000 ou 4000 mètres d'altitude, il n'y a pas d'arbres pour bâtir un nid. Le mâle et la femelle se relaient pour couver l'œuf. Et, après l'éclosion, les deux parents prennent soin de leur poussin pendant plus d'un an.

Admiré ou détesté

Les Incas vénéraient le condor comme un dieu. Puis ce rapace a été victime d'une mauvaise réputation. Trop persécuté, il a disparu de certaines régions des Andes. De nos jours, il est protégé, et même réintroduit par endroits.

Le condor en vol rentre son cou dans sa collerette de duvet pour résister aux vents froids d'altitude.

La vue du condor est huit fois plus précise que la nôtre. Il repère les cadavres d'animaux à plus d'un kilomètre de distance.

Le condor se sert de sa queue comme d'un gouvernail pendant le vol plané. Et il l'étale largement pour freiner au moment de l'atterrissage.

Dans les airs, le condor a une silhouette caractéristique. À l'extrémité de ses ailes, de grandes plumes ressemblent aux doigts d'une main.

CARTE D'IDENTITÉ

NOM : *condor des Andes*
NOM SCIENTIFIQUE : Vultur gryphus
ENVERGURE DES AILES : *3,10 m*
LONGUEUR DU CORPS : *1 m*
RECORD : *il vit environ 50 ans dans la nature, et jusqu'à 70 ans en captivité.*

Les herbivores des sommets

Le yack est le mammifère qui vit le plus haut. Dans les montagnes d'Asie centrale, il grimpe à plus de 6 000 mètres d'altitude. Les autres herbivores du massif de l'Himalaya vivent plus bas. Ils suivent la fonte des neiges pour brouter l'herbe tendre.

Un double manteau
Le yack résiste aux vents d'altitude et à des températures glaciales de –40 °C. Il est protégé par un pelage formé de deux couches de poils. Près de la peau, ses poils sont courts. Ils forment un duvet épais et doux. Par-dessus, de longs poils rêches l'enveloppent entièrement jusqu'à toucher le sol. Au printemps, la sous-couche de duvet part en lambeaux.

Un régime de ruminant
Le yack doit boire souvent. Quand il n'a pas d'eau, il mange de la neige. Il se nourrit d'herbes et, en hiver, de mousses et de lichens. C'est un bovidé. Il rumine comme une vache : les végétaux fermentent dans sa panse, puis remontent pour être remâchés.

Une vie en troupeau
Chez les yacks sauvages, les femelles et les petits vivent en troupeau. Les mâles les rejoignent pour la reproduction. La plupart des yacks sont domestiques. Ils sont élevés pour leur lait, leur chair, leur laine et le transport de lourdes charges dans la montagne.

Un équipement de montagnard

Sa tête large et massive porte des cornes recourbées. Elles peuvent mesurer jusqu'à 90 cm de long. Le yack les utilise pour creuser la neige, à la recherche de nourriture.

En inspirant l'air par son mufle, le yack le réchauffe avant qu'il n'atteigne les poumons.

Grâce à sa double toison, le yack maintient la chaleur de son corps. À l'intérieur, la températu de 40 °C permet la fermentation des végétaux dans la panse.

CARTE D'IDENTITÉ

NOM : *yack ou yak*
NOM SCIENTIFIQUE : Bos mutus
POIDS (MÂLE) : *800 kg*
POIDS (FEMELLE) : *300 kg*
NOMBRE : *environ 10 000 à l'état sauvage*
SIGNE PARTICULIER : *il est muet.*

Une fourrure précieuse

L'antilope du Tibet est aussi appelée chiru. Elle vit entre 3 700 et 5 500 mètres d'altitude. Elle supporte des froids terribles grâce à son pelage isolant, formé de poils creux, cinq fois plus fins que nos cheveux ! Ces poils, les plus fins du monde, ne mesurent jamais plus de 4 cm de long. Ils servent à tisser de luxueux châles chauds et légers. Alors comme ces antilopes ne se laissent pas tondre comme des moutons, elles sont souvent abattues pour leur fourrure.

L'antilope du Tibet

Cette petite antilope court à 80 km/h sur les hauts plateaux du Tibet. Elle se déplace en troupeau pour brouter le matin et l'après-midi. Elle passe le reste du temps couchée dans un fossé, à l'abri des vents glacés.

Trois ongulés des sommets d'Asie

Le tahr de l'Himalaya porte une épaisse crinière sur les épaules et le cou. Pourtant il craint le froid. Dès l'automne, il descend dans les vallées, à moins de 2 500 mètres d'altitude. Au printemps, il remonte jusqu'à 5 000 mètres.

Le bharal a une toison courte. À cause des reflets bleutés de sa fourrure, il est aussi appelé mouton bleu. Il vit sur les pentes rocheuses et froides des montagnes de l'Himalaya et du Sichuan, entre 2 500 et 6 500 mètres d'altitude.

Le markhor est une sorte de chèvre avec de longs poils. Mais sa fourrure n'est pas doublée d'une épaisse couche de duvet, comme celle du yack. Aussi le markhor redescend-il à 700 mètres d'altitude pour passer l'hiver.

Le pelage du yack sauvage est plus foncé en hiver. Sur les flancs, ses poils sont si longs qu'ils forment comme une jupe.

Le yack a deux gros sabots à chaque patte. Ils recouvrent l'extrémité de ses deux doigts centraux. Car le yack marche sur seulement deux doigts à chaque patte qui supportent tout son poids.

En sabots dans la montagne

Le yack, le chiru, le tahr, le bharal et le markhor ont tous des sabots. Pourtant ils se déplacent avec agilité sur les pentes, même enneigées. Ils s'agrippent aux rochers grâce au bord tranchant de leurs sabots et ils ne glissent pas grâce à leurs semelles antidérapantes.

À chacun ses cornes

Les cornes poussent en continu comme des ongles, sans se ramifier ni tomber. Le yack a des cornes orientées vers l'intérieur, et le bharal vers l'extérieur. Les cornes du markhor sont spiralées, celles du chiru sont droites. Enfin, les cornes épaisses du tahr sont aplaties sur les côtés. Ces animaux utilisent leurs cornes pour se défendre, creuser la neige et marquer leur territoire en les frottant aux rochers.

La panthère des neiges

La panthère des neiges est le seul félin vraiment montagnard. Elle vit dans le centre de l'Asie, entre 2 700 et 6 000 mètres d'altitude. Ce grand félin, rare et mystérieux, a une technique de chasse adaptée aux pentes enneigées.

Les canines, longues et pointues, sont tranchantes comme des couteaux. La panthère les plante dans la gorge de ses proies pour les mettre à mort.

Un chasseur de marmottes
La panthère des neiges se nourrit de toutes sortes d'animaux sauvages. Elle capture des proies plus grosses qu'elle, comme le bharal ou le markhor. Elle chasse aussi des petits rongeurs, comme la marmotte bobac ou le pika, et même des oiseaux. En hiver, elle descend dans les vallées, et elle attaque les sangliers, les cerfs et aussi le bétail domestique.

CARTE D'IDENTITÉ
NOMS : *panthère des neiges, léopard des neiges, once*
NOM SCIENTIFIQUE : Uncia uncia
NOMBRE : *difficile à compter, de 3000 à 7000. Elle est menacée par la chasse et le commerce de sa fourrure.*
DURÉE DE VIE : *20 ans environ*
SIGNE PARTICULIER : *elle ne rugit pas.*
RECORDS : *bonds de 10 mètres de long et 4 mètres de haut.*

Une stratégie de chasse
La panthère des neiges chasse en solitaire. Le soir, elle quitte les rochers qui lui servent d'abri. Elle emprunte toujours les mêmes chemins pour inspecter son domaine. Elle repère l'odeur laissée par une proie. Elle suit cette piste jusqu'à s'approcher à moins de 15 mètres de la proie. Là, elle la surprend en bondissant dessus.

Un vaste territoire
La panthère des neiges est un animal farouche et rare. Il est plus facile de voir ses empreintes dans la neige que de l'apercevoir dans la nature. Chaque panthère des neiges a son terrain de chasse. Elle se l'approprie dès qu'elle est en âge de vivre seule. Plus les proies sont rares, et plus ce territoire est grand. Il s'étend de 20 à 100 km^2. La panthère en marque les limites par l'odeur de ses griffades, de son urine et de ses crottes. Elle signale ainsi sa présence aux autres panthères des neiges.

Les petits de la panthère des neiges suivent leur mère à la chasse dès l'âge de trois mois. Ils ne la quittent pour vivre seuls qu'à deux ans. C'est en effet à cet âge qu'ils savent chasser seuls.

Les amours d'un grand solitaire

Le mâle et la femelle vivent le plus souvent chacun dans une vallée encaissée en évitant de se rencontrer.
Mais pendant la saison des amours, de février à mars, la femelle laisse derrière elle une odeur qui attire le mâle. C'est le moment de l'année où elle peut avoir des petits. Le mâle parcourt de grandes distances pour rejoindre la femelle. Le couple chasse alors ensemble pendant quelques jours.
Il s'accouple, puis se sépare. Environ cent jours plus tard, la femelle donne naissance à deux ou trois petits. Ils pèsent de 350 à 700 grammes. Leurs yeux restent fermés la première semaine.

À l'école de la chasse

La femelle élève seule ses petits. Elle les allaite pendant 8 à 10 semaines, mais, dès la fin de leur premier mois, elle leur rapporte de petites proies. Vers l'âge de trois mois, les petits la suivent à la chasse. Ils commencent par l'observer pendant qu'elle bondit et tue sa proie, puis ils l'imitent. Ils apprennent ainsi à chasser. À l'âge de deux ans environ, les jeunes savent chasser.
Ils quittent leur mère et errent dans la montagne avant de trouver un territoire assez riche en proies. Ils vivront alors en solitaire sans plus croiser d'autres panthères des neiges que pendant la courte saison des amours.

Le chasseur de l'Himalaya

Le gorille de montagne

Les gorilles de montagne vivent sur les pentes des volcans éteints du centre de l'Afrique, entre 1 500 et 4 000 mètres d'altitude. Le jour, ils se déplacent sous la pluie, dans la brume et la boue. La nuit, ils dorment dans le froid sur un simple matelas de feuilles.

Tout petit sous la pluie
Le gorille mâle est costaud. La femelle est deux fois moins grande, et le petit est tout fragile. Pendant ses trois premiers mois, sa mère le serre contre elle pour le protéger des pluies fréquentes : un coup de froid pourrait le tuer. Ensuite, le gorillon suit sa mère, accroché à son dos. Enfin, à deux ans et demi, il marche seul. Il cesse de téter et mange des végétaux comme les grands.

La femelle a un petit tous les quatre ans. Son gorillon vit avec elle de huit à dix ans.

CARTE D'IDENTITÉ

NOM : *gorille de montagne*
NOM SCIENTIFIQUE : Gorilla gorilla beringei
POIDS À LA NAISSANCE : *2 kilos*
POIDS (MÂLE) : *jusqu'à 200 kilos*
POIDS (FEMELLE) : *jusqu'à 100 kilos*
DURÉE DE VIE : *30 ans*
NOMBRE : *environ 700, en voie de disparition.*
RECORD : *il peut soulever 500 kilos !*

Pas besoin d'abris !
Pour faire face à ses conditions de vie difficiles, le gorille est bien équipé. En effet, son épais pelage est imperméable : sa peau n'est donc jamais mouillée. De plus, sur ses bras, ses poils poussent à l'envers, ainsi la pluie ne ruisselle pas vers ses mains !

Les poils argentés poussent sur le dos du jeune mâle à partir de l'âge de douze ans. Il quitte alors son groupe de naissance pour fonder son clan.

Les gorilles vivent en groupes dirigés par un mâle adulte, le dos argenté.

Le chef de bande

Dans un groupe de cinq à dix gorilles, il y a toujours un mâle dominant. C'est celui qu'on appelle le dos argenté. C'est le chef. Tous doivent lui obéir ou partir. Il est le seul mâle à s'accoupler avec les femelles du groupe. Et si d'autres gorilles ou des chasseurs s'approchent, il les intimide en frappant sa poitrine bruyamment.

Chaque jour, tout en marchant, le gorille absorbe entre 10 et 20 kilos de végétaux !

Mangeur de vert

Malgré sa force, le gorille n'est pas un prédateur. Il recherche les feuilles, les fruits et les racines, dont il se nourrit : pousse de bambou, céleri, ortie, persil géant, bruyère. Il les cueille plusieurs heures par jour, le matin et le soir.

Les p'tits plus

LE PLUS HAUT DES MIGRATEURS

L'oie à tête barrée a été repérée par des avions à 10 000 m d'altitude. Cet oiseau niche sur les bords des lacs de montagne en Asie centrale et passe l'hiver au sud, en Inde. Deux fois par an, elle survole les plus hautes montagnes du monde, l'Himalaya.

GROS TAKIN

Cet herbivore de l'Himalaya ressemble beaucoup à une vache avec un épais pelage. Il recherche le sel jusqu'à 4 500 mètres d'altitude. Il en trouve en léchant certains rochers.

UN MANTEAU DE FOURRURE

Le pelage ne chauffe pas comme un radiateur ! Il empêche seulement la chaleur du corps des mammifères de se disperser,

car les poils maintiennent près du corps une couche d'air isolante.

LES FLAMANTS ROSES

Trois espèces de flamants vivent dans les Andes. À 4 000 m d'altitude, ils se nourrissent de crevettes des lacs salés en filtrant l'eau avec leur bec bordé de lamelles.

LE TOIT DE L'AFRIQUE FOND

Le Kilimandjaro, qui dresse ses 5 895 mètres au-dessus des plaines de Tanzanie, a le sommet couvert de glace. Mais, sous l'effet du réchauffement général de la planète, ses glaces fondent. Elles pourraient avoir disparu dans quinze ans.

LE PUMA DE LA CORDILLÈRE DES ANDES

Les pumas vivent sur tout le continent américain, aussi bien dans la neige que dans les marais. Le puma de la cordillère des Andes grimpe sur les hauts plateaux pour chasser les vigognes et les lamas.

L'OURS À LUNETTES

Son nom vient des cercles de fourrure claire qui entourent ses yeux. Cet ours, le seul d'Amérique du Sud, vit jusqu'à 2 700 m d'altitude.

Il se nourrit de plantes coriaces et parfois de maïs cultivé.

UN CHAMA EST NÉ

Ses parents sont cousins : son père est un chameau, sa mère est un lama. Le petit chama est né au zoo de Dubaï, en Arabie. Dans la nature, ses parents n'auraient pas pu se rencontrer :

le chameau vit en Asie, et le lama, en Amérique du Sud.

LA SAISON DES FOINS

Dans l'Himalaya, les pikas du Tibet recherchent

l'herbe rase jusqu'à 5 400 m d'altitude. Ils les font sécher au soleil, puis ils les entassent entre les rochers près de leurs terriers. Ils constituent ainsi leur réserve de nourriture pour l'hiver.

SUR LE TOIT DU MONDE

Les alpinistes qui gravissent l'Everest ou d'autres sommets de l'Himalaya ont pour visiteurs des chocards. Autour de leurs camps, à 8 000 m d'altitude, ces cousins des corbeaux viennent glaner des restes de repas.

LE LOUP D'ABYSSINIE

Ce loup est le plus rare du monde. Il ne vit qu'en Afrique, sur les hauts plateaux d'Éthiopie. Il se nourrit de gros rats-taupes, qui ne vivent aussi que dans ces régions.

UN PEU DES ANDES CHEZ TOI

Les dègues, aussi appelés octodons ou degus du Chili, sont vendus en animaleries comme animaux de compagnie. À l'état sauvage, ils vivent dans les Andes, en petites troupes.

PIEDS NUS DANS LA NEIGE

Les animaux n'ont souvent ni poils ni plumes sur leurs pieds. La chaleur de leur corps pourrait donc se disperser sur la glace. Mais la circulation de leur sang ralentit dans les pattes : ils gardent la tête au chaud, à 38 °C, et les pieds à 5 °C, hors du gel.

RUSES ANTIGEL POUR LES OISEAUX

À chacun sa façon de s'adapter au froid ! Dans les Andes, le colibri géant voit la température de son corps descendre à 10 °C pendant les nuits froides. Dans l'Himalaya, le tinamou creuse avec son bec et ses pattes un terrier pour s'abriter du gel.

LE LIÈVRE DES PAMPAS

On l'appelle aussi la viscache. Il vit en Amérique du Sud, jusqu'à 5 000 mètres d'altitude s'il trouve de l'herbe, de la mousse ou des lichens à grignoter. Pendant les périodes les plus froides, il hiberne.

DES INSECTES DANS LE VENT

Dans les hautes montagnes, la plupart des insectes n'ont pas d'ailes, et ceux qui en ont restent souvent près du sol pour éviter d'être emportés par le vent. Et, comme aucune plante ne pousse, ils se nourrissent de débris apportés des plaines par les vents.

LES SIFFLEURS DES SOMMETS

Quand un rapace survole les sommets, c'est la panique au sol. Certains animaux donnent l'alerte en sifflant : ce sont les marmottes dans l'Himalaya ; les viscaches et les vigognes dans les Andes.

LES ÉBOUEURS DE L'HIMALAYA

Les vautours repèrent les animaux tués dans les éboulis et les avalanches. Ils mangent leur chair. Ensuite, les gypaètes barbus prélèvent les os sur les carcasses. Ils les lâchent en vol pour les briser et atteindre la moelle.

DOUCE FOURRURE

Le chinchilla est un petit rongeur qui vit dans les Andes. Il a été beaucoup chassé, car on faisait d'élégants manteaux de sa fourrure. Aujourd'hui, il est vendu comme animal de compagnie.

LES ANIMAUX DE BÂT

Ce sont les animaux domestiques qui portent une selle chargée de fardeaux. Ils transportent des marchandises sur les chemins escarpés. Dans les Andes, ce sont les lamas, et dans l'Himalaya, les yacks.

Les déserts chauds

Les déserts chauds

Les grands déserts chauds du monde sont situés sous les deux tropiques. Malgré la chaleur et le manque d'eau, ils abritent des plantes, des animaux et même de rares humains.

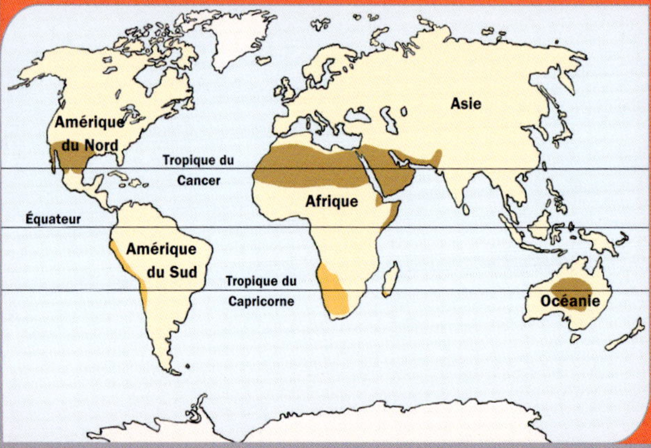

Des terres privées d'eau

Les déserts chauds continentaux en Afrique, en Asie, en Amérique du Nord et en Australie sont arides. Ils sont balayés par des courants d'air chaud qui a perdu toute son humidité au-dessus des régions équatoriales.

Les déserts chauds côtiers en Afrique et en Amérique du Sud sont secs malgré la proximité de l'océan. Le vent froid venant de la mer transporte peu d'humidité.

Le manque d'eau
Le point commun entre tous les déserts, c'est l'aridité. Dans ces régions, il tombe moins de 250 mm de pluie par an ! La pluie s'infiltre dans le sol ou s'évapore très vite. À certains endroits, il ne pleut pas pendant des années.

Des variations extrêmes
Comme l'humidité de l'air est faible, il n'y a pas de nuages au-dessus des déserts. Le jour, les rayons du soleil tombent directement sur le sol. La température s'élève vite. Et, la nuit, elle baisse brusquement : la chaleur se disperse.

Le royaume du vent
Dans les déserts, à cause du manque d'eau, il y a très peu de végétation, et donc peu de nourriture pour les animaux. Sur le sol nu, le vent arrache des grains de sable et de terre, qu'il transporte parfois sur des milliers de kilomètres.

Les animaux du Sahara

Le Sahara est le plus grand désert du monde. Il couvre un tiers du continent africain ! Dans ce désert chaud, la température varie beaucoup. Certains jours d'été, il y fait 50 °C à l'ombre. Mais, en hiver, il gèle souvent la nuit dans le nord du Sahara.

Le chacal parcourt le désert le jour comme la nuit. Il ne s'éloigne jamais des points d'eau, car il doit souvent boire.

Le ganga vole le matin et le soir jusqu'à un point d'eau. Il mouille son plumage et rapporte de l'eau au nid pour ses petits.

Un chasseur nocturne
Au coucher du soleil, la température baisse. Le fennec sort de son terrier. Au même moment, ses proies quittent leurs cachettes. Le fennec repère leurs cris à distance. Il s'évite ainsi des poursuites et une fatigue inutiles.

Grâce à ses grandes oreilles, le fennec capte le moindre bruit autour de lui.

Son pelage laineux emprisonne de l'air. Le corps du fennec est ainsi protégé de la chaleur les jours d'été, et du froid les nuits d'hiver.

Ses petites pattes ont une semelle de poils qui empêchent le fennec de s'enfoncer dans le sable.

Des repas légers
Le fennec capture des petits rongeurs, comme des gerbilles, des gerboises ou des mériones. Il attrape des oiseaux au sol, comme les sirlis. Il croque des petites proies, comme des lézards ou des insectes. Il mange aussi parfois des fruits. Il n'a presque aucun prédateur parmi les animaux du désert.

Sans boisson
Le fennec n'a pas besoin de boire d'eau. Il se contente du sang de ses proies. En effet, même les criquets sont juteux : ils sont composés à 70 % d'eau. Après la digestion, le fennec garde l'eau dans son corps. Sa peau ne transpire pas, ses crottes sont très sèches, et chaque jour il ne fait que trois petites gouttes d'urine.

CARTE D'IDENTITÉ

NOM : *fennec*
NOM SCIENTIFIQUE : Vulpes zerda
POIDS À LA NAISSANCE : *40 g*
POIDS ADULTE : *1 kilo*
LONGUEUR DU CORPS : *40 cm*
HAUTEUR AUX ÉPAULES : *20 cm*
LONGUEUR DE LA QUEUE : *25 cm*
RECORD : *la surface totale de ses oreilles (devant et derrière) est quatre fois plus grande que celle de sa tête entière !*
SIGNE PARTICULIER : *il peut rester sans boire pendant plusieurs semaines dans les endroits les plus arides.*

Les champions du désert
Dans le désert, certains rongeurs parcourent jusqu'à dix kilomètres par nuit pour trouver à manger. Ils grignotent des graines et des plantes coriaces. Là où rien ne pousse, ils se nourrissent de débris de végétaux apportés par le vent.

Deux proies du fennec

La gerbille sort dès le coucher du soleil. Ses pattes sont protégées par une semelle de poils.

La gerboise du désert bondit sur ses pattes arrière, touchant à peine le sable brûlant.

La vipère à cornes

Comme tous les reptiles, la vipère à cornes du Sahara a besoin de chaleur ! En effet, elle ne devient active que lorsque son corps est assez chaud ; or il prend la température de l'air. Elle peut ramper sur le sable surchauffé, car sa peau épaisse couverte d'écailles la protège des brûlures et l'empêche de se dessécher.

Chasse à l'affût
La vipère à cornes préfère les sols fermes des regs, recouverts d'une fine couche de sable. La journée, elle se cache dans la poussière sableuse. Seules ses deux petites cornes dépassent. Si un lézard s'aventure près d'elle, elle bondit dessus avec rapidité.

Chasse en maraude
La vipère chasse du crépuscule à la nuit. Elle inspecte les touffes d'herbes à la recherche d'oiseaux qui dorment au sol. Elle se glisse aussi dans les terriers pour surprendre les gerbilles, les gerboises ou les mériones.

Crécelle dissuasive
Quand la vipère à cornes sent approcher un fennec ou un chat des sables, elle s'enfuit en rampant à reculons. Puis elle gonfle son corps et s'enroule sur elle-même. Elle émet alors un bruit effrayant en frottant ses écailles les unes contre les autres.

Gros plan sur la vipère à cornes

Sur le sable tiède, la vipère à cornes rampe en faisant glisser tout son corps et sa tête sur le sol.

Marcher sans pattes
Comme tous les serpents, la vipère à cornes rampe. En effet, les serpents n'ayant pas de pattes, ils se déplacent sur leur ventre. Sur le sable, ils laissent des traces perpendiculaires à leur trajet.

Changer de peau
Les serpents changent plusieurs fois de peau dans leur vie : ils muent. Leur peau écailleuse n'est pas extensible, et ils grandissent de quelques centimètres à chaque mue. Ils usent leur peau neuve en rampant.

Sur le sable brûlant, la vipère à cornes rampe tête dressée en s'appuyant sur le milieu de son corps.

Les venins du désert

La vipère injecte son venin en mordant sa proie. Au moment où elle ouvre la gueule, ses crochets à venin se déploient comme les lames d'un canif. Puis des muscles compriment les glandes à venin. Le scorpion possède lui aussi une glande à venin. Elle est située au bout de son abdomen. Il n'injecte son venin que si sa proie est difficile à capturer.

Manger sans mâcher
Les serpents sont des carnivores. Ils se nourrissent de proies vivantes, qu'ils avalent tout rond. Les vipères capturent des lézards, des rongeurs et des oiseaux. Les proies meurent vite dans leur estomac. Après digestion, les serpents recrachent les os et les poils durs.

Trois autres reptiles du Sahara

Le varan gris est le plus grand lézard du Sahara. C'est un coureur rapide. Sur de courtes distances, il peut atteindre 20 km/h.

La vipère des sables vit dans les dunes des ergs. Elle s'enfouit en moins de dix secondes dans le sable en laissant une trace en S.

Le poisson des sables est en réalité un lézard, appelé aussi scinque. Il plonge et « nage » dans le sable à la moindre alerte.

Le dromadaire

Le dromadaire vit surtout dans les régions arides du Sahara, de l'Arabie et de l'Inde, où il est domestiqué. Mais il en existe aussi en Australie, qui mènent une vie sauvage. Le dromadaire est capable de résister à des conditions extrêmes de chaleur et de sécheresse.

Face à face avec le soleil
Pour avoir moins chaud, le dromadaire se tourne face au soleil, de façon à n'exposer aux rayons que la plus petite surface possible de son corps. Il respire lentement. Quand il expire, de la vapeur d'eau se condense dans ses naseaux et coule vers sa bouche.

Une température variable
La nuit, la température de son corps descend à 34 °C. Au milieu de la journée, elle monte jusqu'à 40 °C. Alors, il commence à transpirer. La sueur mouille ses poils. Il a ainsi une couche d'air humide contre sa peau.

Des économies d'eau
Le dromadaire boit 20 à 50 litres tous les trois ou quatre jours. Mais il peut rester deux semaines sans s'abreuver car il retient l'eau de son corps : il ne rejette qu'un demi-litre d'urine par jour et des crottes toutes sèches.

La femelle dromadaire allaite son petit pendant 9 à 18 mois.

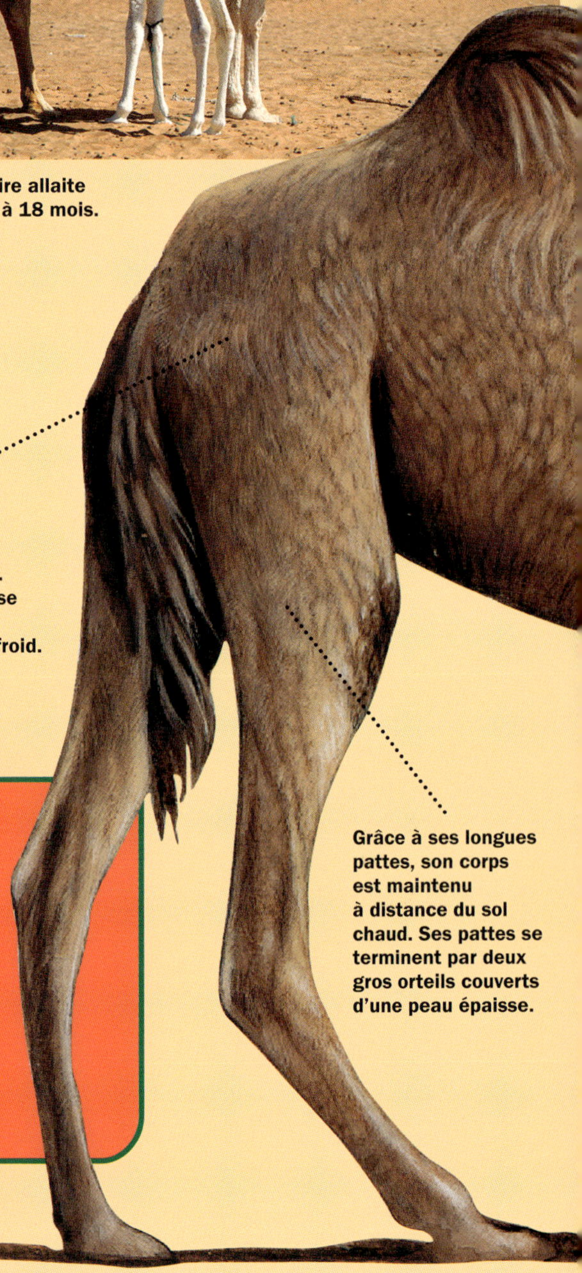

Son pelage clair renvoie une partie des rayons du soleil. Et sa fourrure épaisse protège son corps de la chaleur et du froid.

Grâce à ses longues pattes, son corps est maintenu à distance du sol chaud. Ses pattes se terminent par deux gros orteils couverts d'une peau épaisse.

CARTE D'IDENTITÉ

NOM : *dromadaire*
NOM SCIENTIFIQUE : Camelus dromedarius
POIDS : *de 450 à 600 kilos*
LONGUEUR DU CORPS : *de 2,50 m à 3,30 m*
HAUTEUR : *2,40 m du sol au sommet de la bosse*
SIGNE PARTICULIER : *il peut porter presque 300 kilos de bagages sur son dos !*
RECORD : *il est capable de courir à 25 km/h ; chargé, il se déplace à 3 ou 4 km/h.*

Un « brouteur » dans le désert
Le dromadaire est un animal herbivore. Dans le désert, il se nourrit de plantes épineuses et d'herbes sèches. Il broute aussi les fleurs qui sortent après la pluie.
Après digestion, il fait des réserves de graisse dans sa bosse.
Elle lui fournit de l'énergie et un peu d'eau quand il n'a rien à boire ni à manger.

Les dromadaires peuvent boire jusqu'à 100 litres d'eau en 10 minutes.

Un marcheur infatigable

Son unique bosse contient une réserve de 9 à 15 kilos de graisse. Le dromadaire puise dedans quand il reste sans manger ni boire. Sa bosse devient alors plus petite.

Ses narines mobiles s'ouvrent et se ferment à volonté. Le dromadaire peut donc se protéger des vents de sable.

Ses grands yeux sont protégés par de longs cils des rayons du soleil et des poussières des vents de sable.

Dromadaire à tout faire
Dans le désert, les hommes se servent des dromadaires pour se déplacer et transporter des marchandises. Ils leur font tourner les norias pour puiser de l'eau. Ils utilisent aussi leur viande, leurs poils, leur peau et leur lait.

Dromadaire ou chameau ?
Les hommes du désert appellent leurs dromadaires des chameaux ! Pourtant, pour nous, le dromadaire a une bosse et le chameau, deux. Mais les femelles des dromadaires et des chameaux sont appelées des chamelles, et leurs petits, des chamelons.

D'autres ongulés des déserts

La gazelle dorcas vit en Afrique du Nord et en Arabie. Ses cornes poussent vers l'âge d'un mois. Celles des mâles atteignent 38 cm.

L'addax se déplace dans les régions arides d'Afrique du Nord à la recherche de nourriture. Il a été beaucoup chassé pour ses cornes spiralées. Il est menacé de disparition.

Le chameau de Bactriane a deux bosses. C'est un animal domestique en Turquie, en Mongolie et en Chine. Certains vivent à l'état sauvage dans les plaines arides et froides d'Asie.

L'oryx de Namibie

L'oryx de Namibie est une antilope, appelée également gemsbok. On le rencontre dans le désert le plus vieux du monde, le Namib. Dans ce désert côtier, situé au bord de l'océan Atlantique, l'oryx peut rester plusieurs semaines sans boire.

Un nomade
L'oryx vit dans le sud de l'Afrique et s'aventure dans le désert du Namib. Il est herbivore. Pour trouver assez de végétaux à manger, il sillonne le désert sur des centaines de kilomètres. Il recherche des plantes riches en eau, comme les concombres sauvages. Ces plantes poussent grâce à l'humidité de l'air : en effet, en Namibie, le brouillard recouvre le désert plus de cent nuits par an.

La lutte conte la chaleur
L'oryx a un pelage clair, qui capte moins la chaleur qu'un pelage foncé. Il ne se déplace que le matin et le soir, quand il ne fait pas trop chaud. Souvent, il grimpe sur la crête des dunes pour être rafraîchi par le souffle du vent. En pleine journée, il reste près d'un buisson et respire très vite : c'est sa façon de se rafraîchir sans se déshydrater.

CARTE D'IDENTITÉ

NOM : *oryx ou gemsbok*
NOM SCIENTIFIQUE : Oryx gazella
POIDS : *de 150 à 200 kilos*
LONGUEUR DU CORPS : *de 1,60 m à 2m*
LONGUEUR DE LA QUEUE : *jusqu'à 80 cm*
LONGUEUR DES CORNES : *de 65 cm à 1,20 mètres*
RECORD : *c'est un des rares mammifères dont la température du corps peut atteindre 45 °C sans qu'il meure.*

Le désert du Namib est long de 2 000 km et large de 80 à 200 km. Il s'étend dans le sud-ouest de l'Afrique, au bord de l'Atlantique, où un courant marin très froid, le benguela, remonte depuis l'Antarctique. Le vent marin déplace les grains de sable et forme des dunes hautes de 300 mètres.

Ils vivent dans le désert du Namib

❶ **Les éléphants recherchent l'eau en creusant le fond des rivières à sec.**

❷ **Le troupeau d'oryx profite des trous d'eau creusés par les éléphants.**

❸ **Les flamants roses restent dans les marécages proches de la côte.**

La naissance du brouillard

Dans le désert du Namib, le jour, le sable est chauffé par le soleil. Le peu d'eau qu'il contient s'évapore. Le sable réchauffe l'air à son tour. L'après-midi, il fait 40 °C. La nuit, du vent frais arrive de la mer. Il ne fait plus que 14 °C. La vapeur d'eau contenue dans l'air se transforme en fines gouttelettes : un épais brouillard se forme sur le désert.

La boisson du scarabée

Tôt le matin, les gouttelettes de brouillard se déposent sur le sol refroidi. Les plantes qui ont des racines à la surface du sol absorbent l'eau. Le scarabée du Namib, lui, s'installe sur une dune, dos au vent et tête en bas. Ainsi, le brouillard poussé par le vent se condense sur son corps et les gouttes d'eau coulent vers sa bouche.

La rivière des éléphants

Le brouillard apporte au désert plus d'eau que la pluie. En effet, au Namib, il tombe moins de 12 mm de pluie par an. Après la pluie, le désert change de couleur, des graines germent, des plantes fleurissent. Mais la pluie s'infiltre très vite dans le sable. En creusant le sol avec leur trompe, les éléphants peuvent boire l'eau pure des rivières souterraines.

Trois reptiles du Namib

Le lézard des dunes soulève ses pattes à tour de rôle pour ne pas les brûler. Ainsi, elles restent chacune le moins longtemps possible en contact avec le sol brûlant.

Le gecko palmé reste enfoui la journée sous le sable. La nuit, il court sur les dunes pour chasser des insectes. Grâce à ses palmures, il ne s'enfonce pas dans le sable mou.

Le caméléon se réchauffe le matin en collant son corps sur le sable. Dans la journée, il se cache à l'ombre des buissons secs et guette, immobile, des insectes dont il se nourrit.

Le suricate

Les suricates vivent en bandes, dans le désert du Kalahari, dans le sud de l'Afrique. Dans cette région semi-aride, ils affrontent une chaleur infernale les jours d'été et des vents glacés les nuits d'hiver. En plus, ces petits animaux ont de nombreux prédateurs.

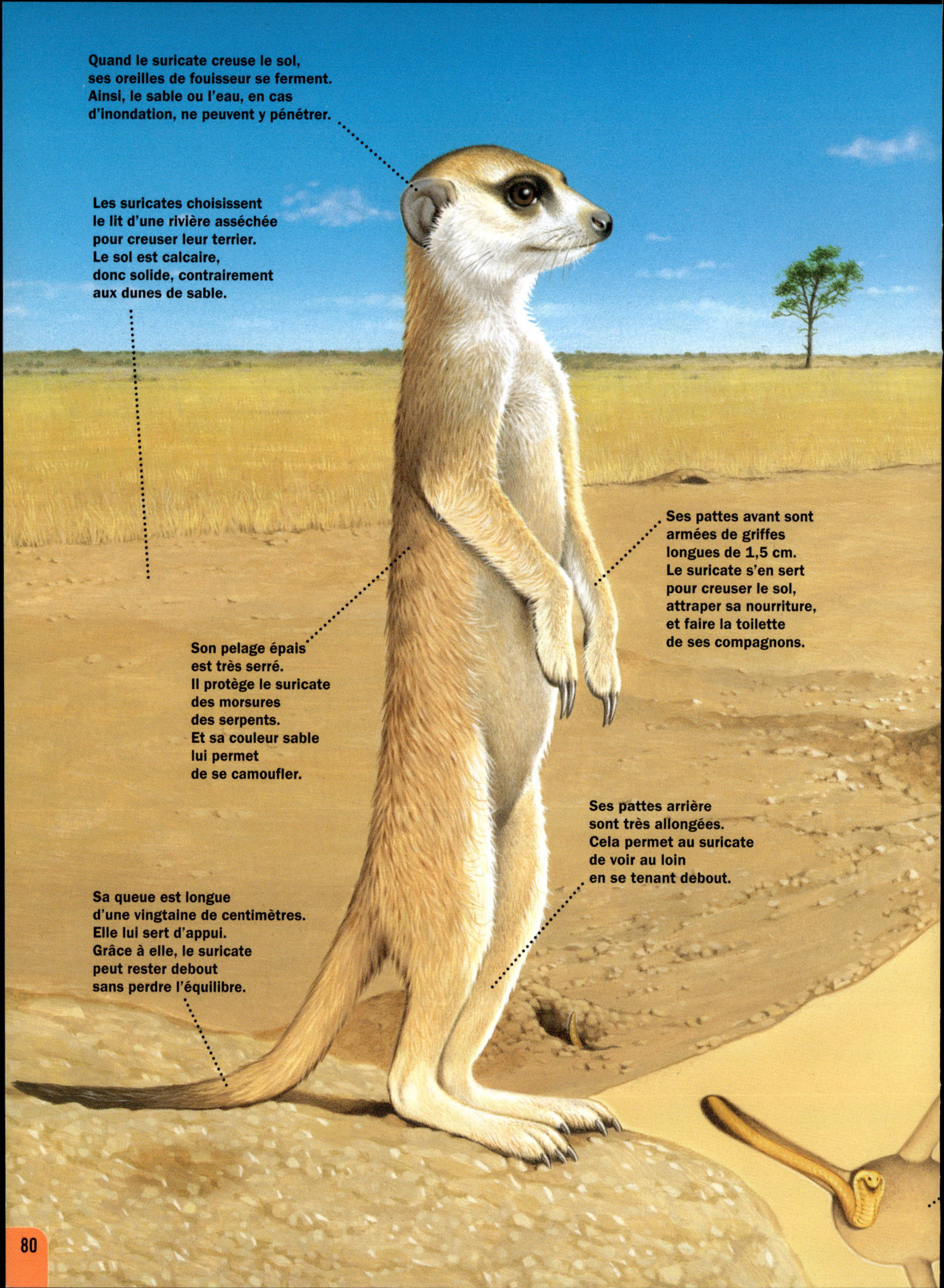

Les petits suricates ne sortent du terrier qu'à l'âge d'un mois. Mais leur mère a besoin d'aller se nourrir pour produire du bon lait. Alors, il y a toujours un adulte de la bande pour les surveiller. Quand, à l'âge de deux mois, les jeunes suivent le groupe à la chasse, un aîné veille sur eux.

CARTE D'IDENTITÉ

NOM : *suricate ou mangouste fauve*
NOM SCIENTIFIQUE : Suricata suricatta
POIDS : *de 600 à 900 grammes*
DURÉE DE VIE : *de 12 à 14 ans*
RECORD : *une femelle peut donner naissance à trois portées de quatre petits par an.*

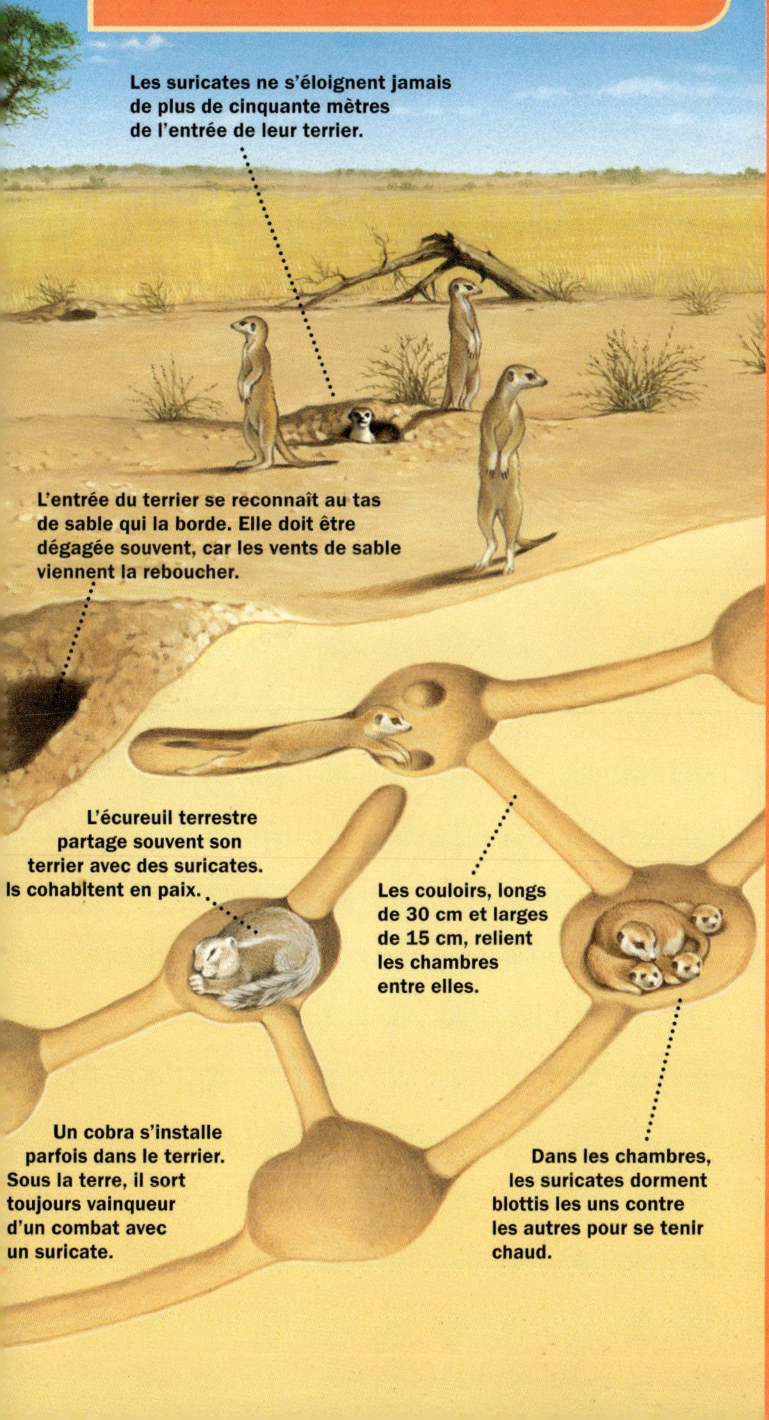

La recherche de nourriture

La nuit, il peut geler au Kalahari. Les suricates restent blottis dans leur terrier. Ils n'en sortent que le jour, quand les rayons du soleil ont réchauffé la surface du sol. Alors, ils se mettent en quête de nourriture. Ils recherchent de petits animaux, insectes et araignées, cachés dans le sol. Ils passent leur journée à creuser le sable pour les déloger.

Fouille en groupe

Les suricates s'organisent en bandes de sept à trente individus, dirigées par un mâle dominant. Ils sont très solidaires. Ils explorent ensemble un terrain dans tous ses recoins. Ils creusent et déblaient le sable pour capter les odeurs. S'ils découvrent un lézard, ils se mettent à deux ou trois pour l'attaquer.

Le rôle de la sentinelle

Les suricates de la bande se relaient à un poste de surveillance. Le suricate de garde s'installe dans un buisson. Dressé sur ses pattes arrière, il scrute l'horizon de tous les côtés. S'il n'y a aucun ennemi en vue, il émet un pépiement qui rassure les autres. Mais, si un prédateur surgit, comme un chacal ou un aigle martial, il pousse un cri strident. Alors, tous les suricates se regroupent en position d'attaque ou ils courent se réfugier à l'abri.

Les animaux du désert australien

Des terres arides recouvrent les trois quarts de l'Australie. Dans les déserts de sable rouge poussent des touffes d'herbes piquantes et des arbres épineux. Certains animaux qui y vivent ne se rencontrent sur aucun autre continent.

Le royaume des reptiles
Le climat des déserts australiens convient bien aux reptiles.
Les lézards et les serpents aiment la chaleur, et en Australie, sous le tropique du Capricorne, il peut faire 38 °C à l'ombre six mois d'affilée !
De plus, les reptiles ont besoin de très peu d'eau pour vivre et, comme il tombe au moins 90 mm de pluie par an, ils ont toujours assez d'eau.

Les réserves du scinque
Le scinque rugueux est un reptile des régions arides. Grâce à sa peau cuirassée, il ne transpire pas. Il se glisse sous les feuilles desséchées pour dénicher des insectes et des charognes.
Après la pluie, il mange aussi des escargots, des fleurs et des fruits.
Pour survivre aux périodes de famine et de sécheresse, il stocke de la graisse dans sa queue.

Les gouttières du moloch
Le reptile australien le plus impressionnant est le moloch hideux.
Sa peau est couverte de pointes qui le protègent des attaques de ses prédateurs. Mais elles lui servent aussi à capter la rosée pendant la nuit : au matin, le moloch baisse la tête, et l'eau s'écoule par les sillons de sa peau, comme dans des gouttières, jusqu'à sa bouche.

Des reptiles d'Australie

Le varan de Gould mesure jusqu'à un mètre de long. Il se nourrit d'oiseaux, de mammifères et aussi de serpents et de lézards, vivants ou morts. Il se sert de sa langue pour capter l'odeur de ses proies.

Le scinque rugueux mesure entre 30 et 35 cm. Il est appelé lézard pomme de pin à cause de l'extrémité ronde de sa queue et de son dos couvert d'une carapace formée de grosses écailles.

Le moloch hideux est appelé diable cornu. Il mesure environ 15 cm. Malgré son aspect impressionnant et sa peau épineuse, ce lézard est inoffensif pour l'homme. Il se nourrit de fourmis noires.

Le lézard à collerette mesure de 60 à 70 cm de long. Quand il est attaqué, il intimide son ennemi en ouvrant grand sa gueule et en déployant une large collerette colorée autour de sa tête.

Des animaux originaux
L'Australie est isolée depuis 65 millions d'années. Elle est devenue une île à l'époque de la disparition des dinosaures ! Les animaux y ont donc évolué sans la concurrence des espèces des autres continents. Si bien qu'aujourd'hui la plupart des espèces australiennes n'existent nulle part ailleurs. On dit que ces espèces sont endémiques.

Des mammifères étonnants
Le plus souvent, les petits des mammifères se développent à l'intérieur du ventre de leur mère. Ce sont des mammifères placentaires. En Australie, certains mammifères, comme l'échidné, pondent des œufs. Ce sont des mammifères ovipares. D'autres, comme le kangourou, ont des petits qui se développent dans la poche ventrale de la femelle. Ce sont des mammifères marsupiaux.

Un oiseau coureur
L'émeu est un animal endémique d'Australie. C'est un oiseau qui ne vole pas. Pourtant il a des ailes. Il les étend parfois pour rafraîchir son corps. Il est nomade. Il fréquente les plaines arides et les broussailles. Il se déplace en suivant les nuages qui apportent des pluies. Ainsi, après une averse, quand les arbres et les plantes donnent des fruits et des graines, il s'aventure dans le désert. Cet oiseau peut parcourir de grandes distances en courant, pour aller s'abreuver à une source d'eau douce.

Une souris du désert

Cet animal du désert australien ressemble à une souris, mais ce n'est pas un rongeur. C'est un mammifère marsupial, appelé kowari. Alors qu'une souris a jusqu'à dix portées de quatre à sept petits chaque année, un kowari n'a que deux portées de moins de huit petits. En effet, ses petits se développent pendant six mois, fixés chacun à un téton au fond de sa poche ventrale.

Dans les déserts d'Australie

❶ La taupe marsupiale mesure 13 cm. Elle creuse son terrier dans les dunes avec ses longues griffes. Elle n'a pas d'yeux, et son nez est protégé par une plaque de corne. Elle se nourrit d'insectes.

❷ Le crapaud citerne pèse 350 g. Il stocke de l'eau dans sa vessie pour supporter la sécheresse. Entre deux pluies, il s'enfouit dans le sol. Il peut survivre deux ans sous terre.

❸ L'émeu est le plus gros oiseau d'Australie. Il mesure 1,80 mètre de haut et pèse entre 30 et 55 kilos. Il est incapable de voler, mais il court à 48 km/h. C'est le mâle qui couve les œufs et élève les petits.

❹ Le kangourou fréquente les plaines arides. Il s'aventure parfois dans le désert, où il peut parcourir jusqu'à 200 kilomètres pour trouver un point d'eau, car il ne peut pas rester longtemps sans boire.

Les p'tits plus

UN MINI-CHAT

Le chat des sables vit dans le Sahara. C'est le plus petit félin d'Afrique. Ses griffes sont peu tranchantes : comme elles ne se rétractent pas complètement, elles s'usent sur le sable.

LE TATOU VELU

Le tatou velu s'aventure dans le désert d'Atacama au Chili. Ce désert côtier, le plus haut du monde, est comme le Namib baigné de brouillard. Heureusement, car cet endroit détient le record du monde du nombre d'années sans pluie !

À L'ABANDON

Au 19e siècle, des explorateurs ont importé en Australie des dromadaires qu'ils y ont abandonnés. Sur ce continent, il y a aujourd'hui plus de 500 000 dromadaires à l'état sauvage.

PETIT, AVEC DE GRANDES OREILLES

Le lièvre de Californie pèse environ 3 kilos.

Il vit dans le désert de Chihuahua aux États-Unis. Il a de grandes oreilles, hautes de 15 cm. Quand il est à l'ombre, il évacue la chaleur de son corps par ses oreilles, comme le fennec du Sahara.

GARE À LA ZORILLE DE LIBYE

Ce petit carnivore vit dans toute l'Afrique du Nord. La zorille se cache dans les buissons. La nuit, elle chasse des rongeurs, des petits oiseaux, et même des scorpions.

LE FOUETTE-QUEUE D'AFRIQUE DU NORD

Ce grand lézard aux couleurs changeantes passe presque toute sa vie sous la terre. Il se nourrit d'insectes et accumule ses réserves alimentaires dans sa queue.

VERT COMME LE DÉSERT

Il y a six mille ans, le Sahara connaissait un climat tempéré. Il était couvert de végétation. Il y avait de nombreux fleuves et d'immenses lacs. Aujourd'hui, dans certains endroits, il ne pleut que tous les dix ans.

LE KIT FOX

Ce petit renard, appelé renard véloce, vit dans le désert d'Amérique du Nord.

Avec ses grandes oreilles, il ressemble à un fennec. Comme son cousin africain, il vit dans un terrier le jour et part en chasse la nuit.

UN PARASOL DANS LE DÉSERT

Lorsque le soleil est trop chaud au milieu de la journée, l'écureuil terrestre d'Afrique du Sud lève sa queue touffue au-dessus de son dos. Ainsi, ce petit rongeur peut se déplacer à l'ombre d'un drôle de parasol quand il part chercher les graines ou les racines dont il se nourrit.

UN LÉZARD GONFLÉ

Le chuckwalla vit dans les déserts rocailleux d'Amérique du Nord. Pour se protéger et ne pas être délogé, il se cache entre les rochers et gonfle son corps. Il se nourrit de fruits, de feuilles et de fleurs. Il stocke de l'eau dans les replis de son ventre.

UN NID CLIMATISÉ

Dans le désert de Sonora en Amérique, poussent des saguaros, des cactus qui peuvent atteindre 15 mètres de haut. Des pics y creusent des trous qui sont ensuite occupés par des chouettes aussi petites que des moineaux. Elles s'y abritent de la chaleur et y élèvent leurs petits.

UN MONSTRE VENIMEUX

Dans le désert Mohave, aux États-Unis, vit le monstre de Gila. Ce reptile long de 40 cm est l'un des deux seuls lézards venimeux du monde. Mais son venin n'est pas mortel pour l'homme.

DES NUAGES DE CRIQUETS

Les criquets pèlerins deviennent par moments si nombreux qu'ils se déplacent en essaim de plusieurs milliards.

Poussés par les vents dominants, ils peuvent traverser le Sahara : partant d'Afrique du Nord, ils atteignent le Sahel, où ils dévorent toutes les plantes.

LE RAT-KANGOUROU DU DÉSERT

Ce rongeur ne vit pas en Australie, mais dans la vallée de la Mort, la région la plus chaude d'Amérique du Nord. Il se déplace comme un kangourou, en faisant des bonds de 60 cm de haut. Ainsi, ses pattes restent peu de temps sur le sol brûlant.

L'AUTRUCHE N'AIME PAS LE SABLE

L'autruche, qui vit aujourd'hui dans la savane africaine, était autrefois présente dans le Sahara. Pour éviter le sable, cet oiseau coureur vivait dans les zones rocheuses. Elle recherchait des végétaux gorgés d'eau, et restait de longs mois sans boire.

LE JARDINIER DU DÉSERT

L'addax ne le sait pas, mais il permet à des plantes de pousser dans le désert. En effet, en broutant les buissons épineux, il avale de nombreuses graines. Il ne les digère pas et les rejette dans ses crottes. Ces graines, dont la coque est alors ramollie, sont prêtes à germer.

BIP-BIP, LE GRAND GÉOCOUCOU

Ce grand oiseau, célèbre dans les dessins animés, vole rarement. Mais il court très vite, jusqu'à 30 km/h. Il vit dans le désert, dans le sud des États-Unis. Il se nourrit d'insectes et de lézards. Il peut aussi tuer des serpents à coups de bec. Il couve lui-même ses œufs, non pas pour les tenir au chaud, mais pour les empêcher de cuire au soleil.

LE LYNX DU DÉSERT

Le caracal est le plus grand félin du Sahara depuis que les guépards ont disparu de ce désert. Au crépuscule, il chasse des rongeurs et des oiseaux, qu'il attrape d'un coup de patte au moment de leur envol.

LA CUIRASSE DU DÉSERT

La tortue à éperons doit son nom aux écailles pointues qui forment des éperons sur ses pattes. Cette tortue géante, qui vit dans le sud du Sahara, mesure jusqu'à 80 cm de long. Pendant la saison la plus chaude, elle s'enfonce dans un profond terrier. Elle reste immobile sans manger. On dit qu'elle est en léthargie.

SACRÉ COBRA !

Le cobra qui vit en bordure du désert d'Égypte mesure de 1,50 à 2 mètres de long. Il se dresse quand il se sent menacé. Et sa morsure est foudroyante. Les Égyptiens de l'Antiquité avaient donné la forme de ce serpent à la déesse qui protégeait leur pharaon en crachant du feu.

Les savanes tropicales

Les savanes tropicales

La savane est connue pour ses immenses plaines en Afrique, mais elle existe aussi dans d'autres régions du monde. C'est une zone intermédiaire entre les forêts tropicales et les déserts.

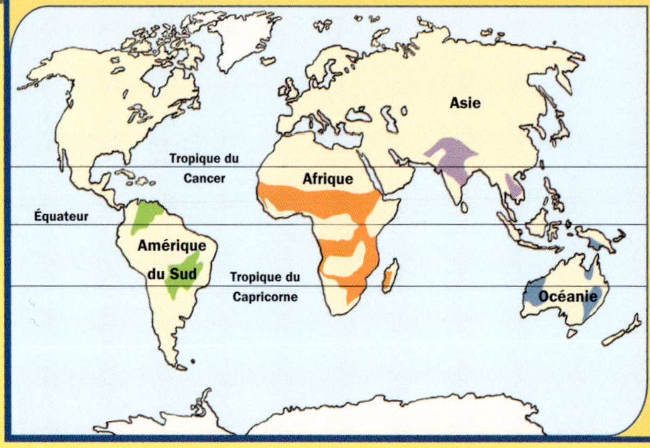

Les savanes du monde

La savane africaine, la plus célèbre et la plus vaste, s'étend de l'Afrique du Sud au désert du Sahara.

La plus grande savane d'Amérique du Sud se trouve au Brésil. Elle s'appelle le Cerrado, ce qui signifie « savane » en portugais. L'autre, située au Venezuela, porte le nom de Los Llanos, « plaines » en espagnol.

Des zones de savane couvrent aussi le centre de l'Inde.

En Australie, des plaines herbeuses parsemées d'eucalyptus et d'acacias forment une sorte de savane, le bush.

Une plaine sans arbres
La savane est une immense plaine recouverte d'herbe jaunie par le soleil. De rares arbres y poussent : en Afrique, ce sont surtout des acacias. « Savane » vient du mot espagnol « sabana », qui signifie plaine sans arbres.

Au fil des saisons
La savane a un climat tropical avec deux saisons. À la saison sèche, la plus longue, la végétation se fait rare. Les animaux migrent alors vers les parties plus boisées. À la saison des pluies, rivières et marécages se gonflent d'eau. Les plantes revivent.

Un immense garde-manger
La végétation de la savane est moins abondante que celle de la forêt, mais elle a la particularité de pousser très vite. Elle nourrit d'immenses troupeaux d'herbivores, qui, à leur tour, servent de repas à de nombreux prédateurs.

L'éléphant d'Afrique

L'éléphant d'Afrique est le plus gros animal terrestre. Cet herbivore pacifique a longtemps peuplé toute la savane africaine. Chassé par l'homme pour ses défenses d'ivoire, il est aujourd'hui menacé de disparition.

Les éléphants se déplacent en file indienne, derrière la matriarche.

Des familles de femelles
Les éléphants vivent en groupes familiaux composés de sept à quinze femelles et petits. La femelle la plus âgée est le chef du groupe : on l'appelle la matriarche. Elle conduit le troupeau, car elle connaît les emplacements des points d'eau, des pâturages et des passages dangereux. Elle transmet son savoir aux femelles plus jeunes.

Un déplacement continu
Les éléphants parcourent en permanence la savane pour chercher de l'eau et de la nourriture.
Ils mangent chacun environ 200 kilos d'herbe par jour. Les petits groupes familiaux se retrouvent autour des points d'eau.
Les éléphants d'un même troupeau se reconnaissent entre eux en se flairant et en se palpant avec leur trompe.
Ils retrouvent toujours les membres de la famille à laquelle ils appartiennent.

CARTE D'IDENTITÉ

NOM : *éléphant de savane d'Afrique*
NOM SCIENTIFIQUE : Loxodonta africana
TAILLE : *4 mètres de haut*
POIDS : *jusqu'à 7 tonnes*
DURÉE DE VIE : *environ 70 ans*
NOMBRE : *très mal évalué ; entre 300 000 et 600 000.*
RECORD : *les défenses les plus longues mesurent 3,5 mètres.*

Une bande de célibataires
Quand les jeunes mâles ont environ 11 ans, ils quittent leur famille. Ils vivent alors en bandes. À partir de 20 ans, ils se rapprochent des femelles pour se reproduire.
Ils se battent entre eux, et le vainqueur gagne le droit de s'accoupler. Ensuite, ils repartent vivre avec d'autres mâles.

Les jeunes mâles s'entraînent à combattre, avant d'approcher les femelles.

Les éléphants sont toujours à la recherche d'eau : ils boivent environ 100 litres par jour !

Gros plan sur l'éléphant d'Afrique

Une trompe à tout faire

L'éléphant se sert de sa trompe puissante pour arracher les touffes d'herbe. Elle lui permet de cueillir les fruits avec délicatesse, grâce aux lèvres qui la terminent. Elle lui sert aussi à aspirer l'eau, qu'il recrache ensuite dans sa bouche. Ou bien il se douche avec !

Deux défenses d'ivoire

L'éléphant a toujours été chassé par l'homme à cause de ses splendides défenses en ivoire. L'homme est le principal prédateur de l'éléphant. En effet, les autres prédateurs de la savane, comme les félins, ne se risquent pas à attaquer un groupe d'éléphants.

Les femelles ont un petit tous les quatre ans. Le bébé pèse environ 100 kilos. Il est allaité jusqu'à 2 ans. Mais, dès 3 mois, il goûte aussi à l'herbe.

La girafe

Voici l'animal le plus haut de la planète. Malgré sa grande taille, la girafe se déplace gracieusement. Avec son long cou et sa petite tête finement dessinée, cet herbivore élégant domine la savane africaine.

La girafe a une longue langue de 50 cm. Noire et rugueuse, elle est insensible aux piquants des acacias.

Un cou multifonction
Grâce à son cou interminable, la girafe peut attraper sa nourriture en hauteur. À 5 mètres du sol, elle accède ainsi à des feuilles que les autres animaux ne peuvent pas atteindre. La girafe utilise aussi son cou pour garder l'équilibre en marchant. Enfin, il lui sert d'arme lors des combats entre mâles : ils se donnent des coups avec !

Les mâles broutent les feuilles des acacias par en dessous, avec la tête et le cou tendus.

Un état de veille permanent
Face aux lions, ses prédateurs, la girafe n'a qu'un moyen de défense : la fuite. C'est pourquoi elle passe son temps à surveiller l'horizon. Elle dort extrêmement peu, par petites siestes de trois minutes, même la nuit. Le moment où elle est le plus en danger, c'est lorsqu'elle boit, la tête penchée jusqu'au sol et les pattes avant écartées.

Une sentinelle très utile
Les girafes sont souvent accompagnées de gnous, de gazelles, et de zèbres. Lorsque les girafes, inquiètes, relèvent la tête et dressent les oreilles, cela alerte aussitôt les autres herbivores.

Pour boire, les girafes doivent faire le grand écart avec leurs pattes avant !

Gros plan sur la girafe

Ses cornes sont des excroissances osseuses recouvertes de peau. Les femelles en ont deux, les mâles, deux ou quatre.

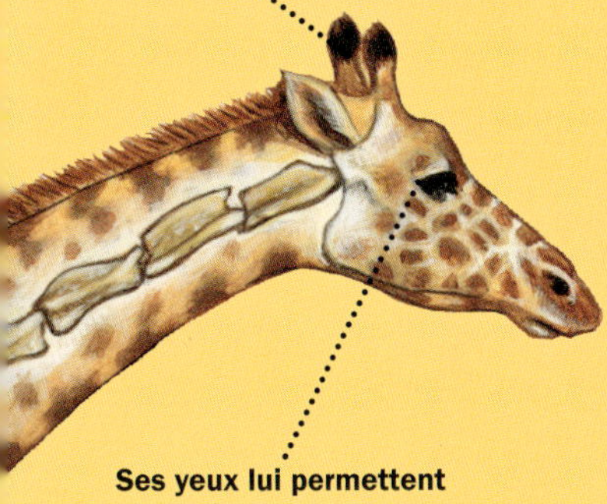

Ses yeux lui permettent de repérer un homme à 2 km de distance.

Son cou a sept vertèbres, comme celui de tous les mammifères.

Ses vertèbres mesurent chacune 40 cm. C'est ce qui rend son cou si long.

Les girafes ont des petits à partir de l'âge de 3 ans. Ensuite elle ont un bébé tous les deux ans.

Un bébé géant

La mère reste debout pendant la naissance. Alors son girafon fait une chute d'un à deux mètres. Un peu assommé, il se relève et se met à téter. Il mesure déjà 1,80 m ! À 16 mois, il quitte sa mère et rejoint d'autres jeunes girafes.

CARTE D'IDENTITÉ

NOM : *girafe* - **NOM SCIENTIFIQUE :** Giraffa camelopardalis
TAILLE : *4 à 6 mètres de haut*
POIDS : *entre 1 et 2 tonnes*
DURÉE DE VIE : *20 à 30 ans*
VITESSE : *50 km/h au galop*
RECORD : *son cou mesure jusqu'à 3 mètres de long.*
PARTICULARITÉ : *il existe huit sous-espèces de girafes. On les reconnaît au dessin de leur pelage.*

Comment la girafe se lève-t-elle ?

❶ Allongée, la girafe replie le cou en arrière et pose la tête par terre.

❷ Pour se lever, elle redresse le cou et le balance d'avant en arrière : elle prend de l'élan.

❸ Elle s'appuie sur ses pattes avant, qui sont pliées.

❹ Ensuite, elle baisse la tête vers le sol pour relever l'arrière-train.

❺ Enfin, elle se dresse sur ses pattes arrière, puis tend ses pattes avant. La voilà debout !

Le zèbre des plaines

Le zèbre est un cousin du cheval. Il est plus petit et a un corps plus ramassé. Ses drôles de rayures le recouvrent entièrement, jusqu'au bout de sa queue ! Cet animal vit parmi les autres herbivores de la savane africaine, à côté des gnous et des girafes.

Le chef de bande
Les zèbres vivent en harde : c'est une famille d'une quinzaine d'individus, dominés par un mâle. Celui-ci protège ses femelles et ses petits des prédateurs.
Il défend aussi son harem contre les mâles solitaires, ses rivaux.
Lorsque le chef de harde meurt, la famille est adoptée par un autre mâle.
Les jeunes mâles âgés de 2 à 5 ans vivent en bandes. Puis ils cherchent des femelles pour fonder leur famille.

Une migration annuelle
Chaque année, à la saison sèche, les zèbres se déplacent pour trouver des pâturages.
Ils parcourent environ 500 kilomètres dans la savane, à l'est de l'Afrique. Le soir, les familles se regroupent autour des points d'eau.
Ils forment alors de grands troupeaux.
Ils doivent se méfier des crocodiles, qui les attaquent souvent.

Brouter sans ruminer
Le zèbre est un herbivore.
Il broute toute la journée et une partie de la nuit.
Il ne s'arrête pas de brouter pour ruminer et remâcher l'herbe, comme les vaches.
Pour « faire passer » toute cette nourriture, le zèbre boit environ dix litres d'eau par jour.

Un zèbre se défend contre une hyène

Les zèbres des plaines vivent dans les régions de l'est du continent africain.

CARTE D'IDENTITÉ

NOM : *zèbre des plaines ou zèbre de Burchell*
NOM SCIENTIFIQUE : Equus hippotigris burchellii
HAUTEUR À L'ÉPAULE : *1,30 mètre*
POIDS : *200 à 380 kilos*
DURÉE DE VIE : *30 ans*
VITESSE AU GALOP : *60 km/h*
NOMBRE : *environ 300 000. Parmi les trois espèces de zèbres, c'est la plus répandue.*

Des rayures uniques

Les rayures forment un dessin unique pour chaque zèbre. Les zèbres d'une même famille se reconnaissent entre eux grâce à leurs rayures, différentes d'une espèce à l'autre. Celles du zèbre des plaines sont très larges et couvrent son ventre.

Le zèbre de montagne a de larges rayures noires et un ventre blanc.

Le zèbre de Grévy se reconnaît aux rayures fines qui dessinent des cercles autour de sa queue.

Face aux lions

Le principal prédateur du zèbre est le lion. Les rayures du zèbre sont une défense naturelle pour tromper l'ennemi. Quand les zèbres sont en troupeau, toutes les rayures se mélangent, et le lion a du mal à repérer la tête et le corps d'une seule proie.

Quand il est isolé, le zèbre n'a aucune chance d'échapper aux lions.

Les antilopes

Dans la savane africaine, les antilopes vivent souvent en troupeaux, qu'elles soient toutes légères, comme les gazelles, ou plus robustes, comme les gnous. Elles se protègent ainsi des nombreux prédateurs qui les guettent, car il y a peu de cachettes dans ces régions.

De petites antilopes
Les gazelles sont des antilopes légères et gracieuses. La gazelle de Thomson pèse moins de 30 kilos ; celle de Grant, plus grosse, ne dépasse pas 60 kilos. Les femelles sont plus petites que les mâles. Femelles et mâles portent des cornes qui poussent toute leur vie, sans jamais tomber.

Des bébés costauds
La femelle gazelle donne naissance à un seul petit à la fois. La gazelle de Thomson est la seule à avoir un petit deux fois par an. Une heure après sa naissance, le nouveau-né se dresse sur ses pattes, et quelques jours plus tard il marche près de sa mère au milieu du troupeau.

Pendant la saison sèche, les gazelles de Thomson broutent les pousses d'herbe les plus vertes. Ainsi, elles n'ont pas besoin de boire.

Les cornes des mâles

L'hippotrague noir est une des plus grandes antilopes d'Afrique de l'Est. Il peut peser 300 kilos. Les cornes du mâle mesurent jusqu'à 1,50 mètre de long. Il s'en sert pour impressionner ses adversaires.

L'impala est une petite antilope d'environ 60 kilos. Seuls les mâles ont des cornes. Ils les utilisent comme arme quand ils s'affrontent à la saison des amours. Le vainqueur du combat reste avec les femelles du troupeau.

Le gerenuk, appelé aussi gazelle-girafe, pèse environ 50 kilos. Il se nourrit uniquement de feuilles, qu'il cueille haut dans les arbres en se dressant sur ses pattes arrière. Seuls les mâles ont des cornes.

Le gnou est une grosse antilope. Il pèse plus de 200 kilos. Il doit son nom au grognement qu'il émet pendant la migration.

La migration des herbivores

Les antilopes se nourrissent d'herbes et de feuilles. À la saison sèche, elles forment d'immenses troupeaux avec d'autres herbivores. Guidée par les gros nuages de pluie, la troupe parcourt des centaines de kilomètres vers les pâturages. Les gazelles et les gnous broutent l'herbe rase, car les zèbres, qui les précèdent, ont déjà mangé l'herbe haute.

L'attaque des prédateurs

Les antilopes constituent le menu favori d'un grand nombre de prédateurs. Elles sont chassées par des grands félins, comme les léopards, les guépards, les lions, et aussi par d'autres carnivores, comme les chacals, les hyènes, les lycaons, et même les crocodiles. Ces derniers les surprennent quand elles viennent boire à un point d'eau.

Les arbres se défendent

Quand une antilope s'attaque à un acacia, elle n'en prend que quelques feuilles. En effet, l'arbre agressé change vite la composition de ses feuilles : elles deviennent toxiques ! En même temps, il émet une substance qui alerte les acacias voisins. L'antilope doit donc poursuivre sa cueillette en remontant face au vent.

Une digestion lente

Comme les vaches, les antilopes ruminent. Elles cisaillent l'herbe, l'avalent et la prédigèrent grâce aux bactéries de leur estomac spécial, la panse. Puis elles font revenir cette mixture dans leur bouche. Elles la mâchent pour obtenir une bouillie, qu'enfin elles avalent. Elles mettent trois jours à digérer un repas d'herbes et de feuilles.

Le grand koudou est aussi une antilope. Les cornes spiralées du mâle peuvent mesurer plus d'un mètre de long.

Le rhinocéros blanc

Avec sa silhouette massive et ses deux cornes pointues, le rhinocéros blanc est l'un des animaux les plus impressionnants d'Afrique. Ce cousin éloigné des chevaux et des zèbres est un herbivore plutôt timide. Il n'est agressif que si on le dérange.

Pourquoi blanc ?
Le nom du rhinocéros blanc est trompeur, car il a la peau grise ! Parmi les cinq espèces de rhinocéros du monde, c'est la plus nombreuse. Dans la savane africaine, on trouve aussi le rhinocéros noir : plus rare, il est plus petit et… de couleur grise !

Un géant tranquille
Le rhinocéros blanc est un animal solitaire. Même si le plus souvent il est tranquille et ne cherche pas la bagarre, il peut lui arriver de se mettre en colère. Il reste sur son territoire, qui mesure moins de 100 km^2. C'est un animal qui n'aime pas changer ses habitudes. Il emprunte toujours les mêmes itinéraires, aux mêmes heures. Après avoir brouté l'herbe rase de la savane, il se prélasse dans l'eau des mares et des ruisseaux.

Histoire de corne
À cause de sa taille imposante, le rhinocéros ne craint pas les autres animaux de la savane. Son pire prédateur est l'homme, qui le chasse depuis des siècles pour ses cornes, utilisées dans certaines médecines traditionnelles. Le rhinocéros blanc est actuellement une espèce menacée de disparition.

CARTE D'IDENTITÉ

NOM : *rhinocéros blanc*
NOM SCIENTIFIQUE : Ceratotherium simum
LONGUEUR : *4 m* - **HAUTEUR :** *1,80 m*
POIDS : *entre 3 et 4 tonnes*
DURÉE DE VIE : *45 ans* - **NOMBRE :** *environ 11 000*
RECORD : *la corne la plus longue peut atteindre 1,40 m.*
VITESSE : *45 km/h lorsqu'il charge.*
SIGNE PARTICULIER : *il porte ses cornes sur le nez !*

Chacun chez soi
Le mâle vit seul.
Il délimite son territoire en marquant le sol avec son urine et ses crottes.
À la saison des amours, il attire les femelles sur son territoire pour se reproduire.
Les femelles, elles, vivent en petits groupes.

Les mâles combattent corne contre corne pour défendre leur territoire.

Les cousins du rhinocéros blanc

AFRIQUE

Le rhinocéros noir est le cousin africain du rhinocéros blanc. Il mesure 3,80 m de long et il a deux cornes.

ASIE

Le rhinocéros de Sumatra est le plus petit des rhinocéros. Il mesure 2,50 m et porte deux petites cornes.

ASIE

Le rhinocéros de Java mesure 3,50 m. Il vit dans les forêts humides.

ASIE

Le rhinocéros de l'Inde mesure 4,20 m. Il est le plus grand et le plus lourd de tous les rhinocéros.

La mère protège son petit lors des rares attaques d'hyènes.

Courte vie de famille
Le bébé rhinocéros est allaité par sa mère pendant un an.
Dès l'âge de 6 semaines, il commence à brouter l'herbe de la savane.
Il reste avec sa mère jusqu'à l'âge de 2 ou 3 ans.
Ensuite, elle le chasse, car elle attend un autre bébé.

L'hippopotame

Malgré son allure inoffensive, l'hippopotame est l'un des habitants les plus dangereux de la savane : il est l'animal qui tue le plus d'hommes en Afrique ! Les autres animaux ne s'y trompent pas, et laissent généralement les hippopotames tranquilles.

L'hippopotame ouvre grand sa gueule pour intimider ses adversaires – ou pour bâiller ! Ses canines mesurent 50 cm.

Un chef autoritaire
Les hippopotames vivent en groupes de dix à quinze individus, dirigés par un mâle dominant, qui est très autoritaire. Les autres hippopotames lui montrent du respect en baissant la tête et, parfois même, en s'allongeant sur le sol devant lui.

Un caractère colérique
Si un mâle refuse de se soumettre au mâle dominant, de violents combats éclatent entre les deux rivaux. Les hippopotames sont couverts de cicatrices de morsures, et il arrive que certains meurent de leurs blessures.

Des nuits bien remplies
L'hippopotame est très actif la nuit. Il choisit ce moment pour aller brouter les 60 kilos d'herbe dont il a besoin. Chaque nuit, le groupe parcourt des kilomètres en empruntant des pistes creusées par leurs passages répétés. La journée, l'hippopotame se repose. Il évite ainsi de rester en plein soleil.

Les hippopotames passent une grande partie du temps dans l'eau pour protéger leur peau du dessèchement.

La mère est très attentive à son petit. Elle l'allaite pendant un an et joue beaucoup avec lui.

Une peau de bébé

La peau de l'hippopotame est très épaisse.
Mais, comme elle n'a pas du tout de poils, elle est extrêmement fragile et sensible.
Pour éviter d'être envahi par les parasites comme les tiques ou les poux, l'hippopotame se roule régulièrement dans la boue. Cette épaisse couche le protège également des rayons du soleil et de la chaleur. Sans cette protection, l'hippopotame, qui transpire énormément, risquerait de se déshydrater.

Le cheval de rivière

Le mot « hippopotame » vient du grec et signifie « cheval de rivière ».
Cet animal est adapté à la vie terrestre et aquatique : on dit qu'il est amphibie.
Il est capable de garder beaucoup d'oxygène dans ses poumons et de rester sous l'eau cinq minutes sans respirer.
Son corps est bien équipé pour cette vie : par exemple, il a des doigts légèrement palmés.

L'hippopotame reste en eau peu profonde. Pour avancer, il fait des petits bonds sur la pointe des pieds.

CARTE D'IDENTITÉ

NOM : *hippopotame*
NOM SCIENTIFIQUE : Hippopotamus amphibius
POIDS (MÂLE) : *3 à 4 tonnes*
POIDS (FEMELLE) : *1,5 tonne*
HAUTEUR AUX ÉPAULES : *1,30 à 1,50 m*
DURÉE DE VIE : *environ 45 ans*
RECORD : *la tête de l'hippopotame pèse environ 200 kilos !*

L'hippopotame a un très gros corps, porté par des petites pattes. Il est pourtant capable de charger à 45 km/h !

Le crocodile du Nil

On l'appelle crocodile du Nil, mais il ne vit pas seulement en Égypte. On trouve ce reptile dans plusieurs régions d'Afrique, près des rivières, des lacs et des marécages. Les autres animaux le redoutent, car, face à lui, ils n'ont aucune chance...

Un chasseur aquatique
Le crocodile est amphibie : il peut vivre dans l'eau et sur terre. Mais il est plus à l'aise dans l'eau. Ses narines hautes lui permettent de respirer tout en gardant son corps sous l'eau. Il s'approche ainsi de ses proies sans être vu. Il est aussi capable de rester la gueule ouverte sous l'eau sans l'avaler. Il garde ainsi ses proies serrées dans sa gueule puis il les noie.

Les mâchoires du crocodile sont effrayantes : il a plus de soixante dents. Il ouvre souvent la gueule pour réguler la température interne de son corps.

Un corps de tueur

Une fois par an, la femelle pond ses œufs dans le sable.
Trois mois plus tard, les bébés crocodiles sont prêts à sortir, et ils poussent de petits cris.
À ce signal, la femelle les dégage du sable pour qu'ils percent leur coquille.

Avec délicatesse, la femelle porte son bébé jusqu'à la rivière.

Une statue de pierre

Le crocodile est capable de rester sans bouger pendant des heures. La couleur de ses écailles se confond avec celle de la terre et celle de l'eau. Immobile, il est pratiquement invisible. Des animaux s'approchent et, en une seconde, le crocodile bondit sur eux.

Un repas en une bouchée

Les dents du crocodile sont capables de couper, mais pas de mâcher. Une fois sa proie noyée, il en déchire de gros morceaux qu'il avale tout rond. Son estomac est divisé en deux parties. L'une sert à broyer les aliments ; l'autre est remplie d'acide qui les transforme en bouillie. Ce drôle d'estomac permet au crocodile de manger n'importe quoi !

Les bébés crocos

À la naissance, les bébés crocodiles sont minuscules. Ils se nourrissent alors d'insectes et de batraciens. Mais les petits crocodiles grandissent chaque année de 30 centimètres et attrapent des proies de plus en plus grosses, comme des poissons ou des oiseaux.

Pas de bagarres

Les crocodiles ne se disputent pas les proies, car ils ont besoin de peu de nourriture. Plus ils deviennent vieux, moins ils chassent. Ils capturent un gros mammifère, comme un zèbre ou un gnou, puis ils le partagent, en se servant l'un après l'autre.

Ici, des crocodiles s'entraident pour capturer un zèbre.

CARTE D'IDENTITÉ

NOM : *crocodile du Nil*
NOM SCIENTIFIQUE : Crocodylus niloticus
TAILLE : *entre 3 et 5 m*
POIDS : *de 500 kilos à 1 tonne*
DURÉE DE VIE : *entre 50 et 70 ans*
RECORD : *en une année, le crocodile prend seulement une cinquantaine de repas !*
Entre les repas, il passe son temps à se chauffer au soleil ou à se rafraîchir dans l'eau.

Le lion

Avec la crinière qui couronne sa tête et son allure majestueuse, le lion mérite bien son titre de roi des animaux. Il est le plus grand des félins et mène, dans la savane africaine, une vie de père tranquille, entouré de lionnes et de lionceaux.

La crinière du lion intimide ses ennemis et le protège des morsures.

Un roi paresseux

Le lion passe environ 20 heures sur 24 à dormir. Mais son instinct l'avertit dès le moindre danger, et il est prêt à bondir pour défendre sa famille et son territoire.

Les mâles surveillent

Les lions marquent les frontières de leur territoire par de l'urine. Ils s'installent à l'écart du groupe pour surveiller l'horizon. Si des lions étrangers approchent, ils les attaquent pour les empêcher de chasser sur leur territoire.

Les petits jouent

Les bébés naissent par portées de trois ou quatre. Les femelles les allaitent pendant six mois. Elles emmènent chasser leurs lionceaux dès qu'ils ont un an. Vers l'âge de 3 ans, les jeunes mâles deviennent adultes. Ils sont chassés du clan par les grands mâles.

Ces lionceaux âgés de 6 semaines font déjà preuve d'agilité.

Sa queue lui sert à garder son équilibre quand elle court ou saute.

Ses griffes peuvent se rétracter, c'est-à-dire rentrer dans la patte. Elles mesurent 6 cm de long.

CARTE D'IDENTITÉ

NOM : *lion*
NOM SCIENTIFIQUE : Panthera leo
HAUTEUR AUX ÉPAULES : *de 1 à 1,2 m*
DURÉE DE VIE : *15 ans*
NOMBRE : *il n'est pas établi avec précision. Il a beaucoup baissé et se situe autour de 50 000 individus.*
RECORD : *il peut manger jusqu'à 40 kilos de viande en un repas !*
PARTICULARITÉ : *la lionne est plus rapide que le lion.*

Une vie en groupe

Les lions sont les seuls félins qui vivent en groupe. Leur famille, qui s'appelle un clan, regroupe une vingtaine d'individus. Elle est composée, par exemple, de trois mâles, de sept femelles et d'une dizaine de lionceaux. Il n'y a pas de mâle dominant, tous les mâles sont les chefs. Les lions s'entendent bien entre eux. Ils ne se bagarrent qu'au moment du repas, pour se partager la viande ! Les mâles se servent les premiers, puis c'est le tour des lionnes, et enfin des lionceaux.

Les membres du clan aiment paresser, serrés les uns contre les autres.

Les femelles chassent

Les lionnes nourrissent tout le clan. Elles chassent à plusieurs. L'une sert de rabatteuse : elle effraie la proie et la fait avancer vers les autres lionnes, qui attendent cachées dans les herbes. Quand la proie est proche, les lionnes bondissent et la tuent en la mordant au cou.

Les lionnes attaquent les herbivores, comme les gnous.

Une lionne à l'attaque

Le guépard

Le guépard se reconnaît à son pelage tacheté, et aussi à sa tête, toute petite par rapport à son corps élancé. Cet animal solitaire est moins grand que les autres félins. Pour survivre, il a appris à courir et à chasser à une vitesse foudroyante.

Les guépards passent leur temps à surveiller l'horizon pour pouvoir s'enfuir en cas de danger.

Un animal farouche

Le guépard est un animal timide. Il craint l'homme et évite les autres félins. La plupart du temps, il vit tout seul. Les mâles et les femelles se retrouvent à la saison des amours, puis ils se séparent. Parfois, deux ou trois frères et sœurs restent ensemble pour chasser.

Une mère inquiète

Trois ou quatre bébés naissent par portée. La mère les élève seule. Quand elle part chasser, elle les cache. Les petits sont alors sans défense face aux hyènes et aux aigles. Leur mère leur apprend à chasser dès qu'ils ont 3 mois. Quand ils ont un an et demi, elle les laisse se débrouiller seuls.

CARTE D'IDENTITÉ

NOM : *guépard*
NOM SCIENTIFIQUE : Acinonyx jubatus
HAUTEUR AUX ÉPAULES : *environ 80 cm*
LONGUEUR DU CORPS : *jusqu'à 1,40 m*
POIDS : *40 à 60 kilos* - **DURÉE DE VIE :** *15 ans*
NOMBRE : *moins de 10 000. Ils vivent en Afrique, sauf une cinquantaine, qui vivent en Iran.*
RECORD : *en pleine course, le guépard atteint 110 km/h !*

Jusqu'à l'âge de 3 mois, les bébés guépards ont une crinière argentée.

La fourrure du guépard dessine deux traits noirs le long de son museau. Cette particularité permet de le différencier facilement du léopard.

Technique de chasse

Le guépard s'approche de sa proie en se faufilant entre les herbes. Quand il est à moins de 50 mètres, il attaque. Il fait tomber sa proie d'un coup de patte. Puis il la saisit au cou et l'étouffe.

Des petites proies

Le guépard a besoin de manger tous les jours de la viande fraîche, sinon il n'a pas assez d'énergie pour courir. Pour avoir ses deux kilos de viande quotidiens, il chasse des petits animaux. Il attaque les chacals, les porcs-épics ou les oiseaux. Sa plus grosse proie est la gazelle.

L'animal le plus rapide du monde

Le guépard court si vite que cette gazelle de Thomson ne pourra pas lui échapper.

Sa colonne vertébrale est très souple. Elle ondule de haut en bas pendant la course.

Son cou est épais et très musclé. Cela permet à sa tête de rester dressée pendant qu'il court.

Ses yeux restent fixés sur sa proie sans jamais la perdre de vue.

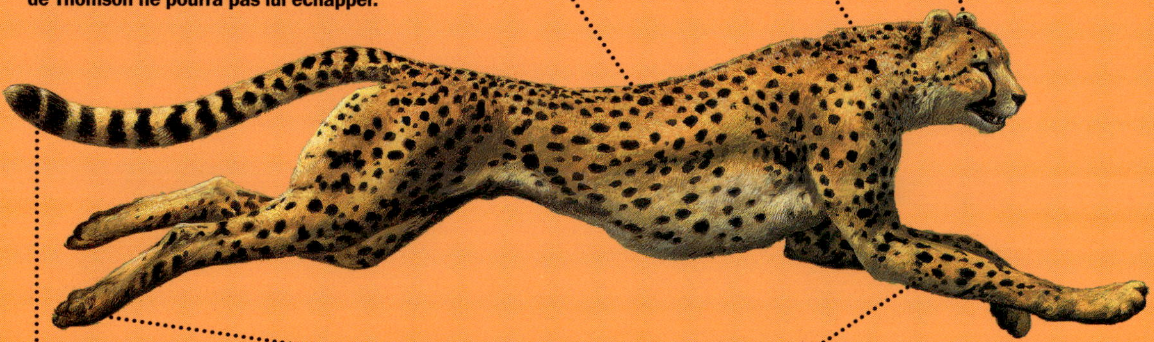

Sa queue, maintenue à l'horizontale pendant la course, lui sert de balancier.

Ses griffes ne se rétractent pas : le guépard peut s'agripper au sol.

Ses pattes sont plus longues que celles des autres félins. Elles lui permettent de faire de grandes foulées.

Comment le guépard rattrape la gazelle

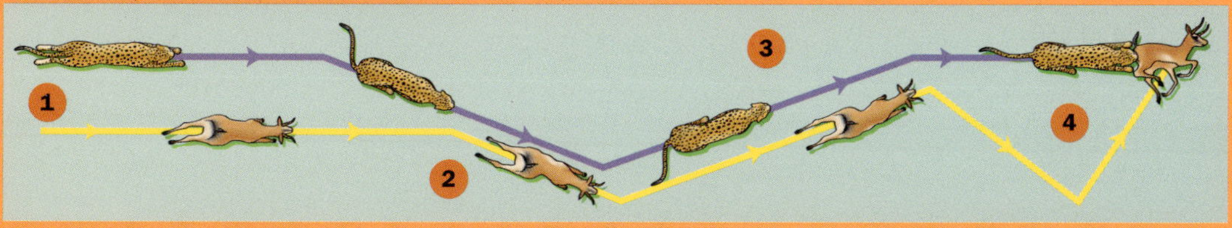

❶ Le guépard se rapproche de la gazelle en courant. Elle s'enfuit.
❷ La gazelle bondit à droite. Le guépard tourne comme elle.

❸ La gazelle bondit à gauche. Le guépard la suit encore. Sa queue lui sert à garder l'équilibre pendant ce virage brutal.

❹ La gazelle zigzague toujours. Le guépard, lui, arrête de tourner. Il va tout droit et la rattrape au virage suivant.

Le léopard

Le léopard est un puissant félin. Il habite dans la savane africaine et asiatique. De caractère méfiant, il vit caché dans les herbes hautes et dans les arbres. Il chasse généralement la nuit, ce qui le rend quasi invisible et très difficile à observer.

Le léopard passe les deux tiers de son temps à se reposer.

Une maison dans les arbres
Le léopard grimpe avec adresse le long des arbres. Il y dort pendant la journée. À 5 mètres du sol, il a une vue panoramique qui lui permet de repérer ses proies ou bien ses ennemis les lions. Au retour de la chasse, le léopard rapporte sa proie et la hisse sur une branche. Il est capable de porter un cadavre deux fois plus lourd que lui !

Des bébés menacés
Une femelle a des portées de un à six bébés. Les plus petits pèsent moins d'un demi-kilo et meurent. En général, seulement un ou deux bébés survivent. La femelle veille jalousement sur eux. Mais, en cas d'attaque d'hyènes ou de lions, elle ne peut sauver qu'un seul petit, qu'elle emporte dans sa gueule.

CARTE D'IDENTITÉ

NOM : *léopard (Afrique) ou panthère (Asie)*
NOM SCIENTIFIQUE : Panthera pardus
HAUTEUR AUX ÉPAULES : *jusqu'à 70 cm*
LONGUEUR DU CORPS (MÂLE) : *jusqu'à 1,90 m*
LONGUEUR DU CORPS (FEMELLE) : *jusqu'à 1,40 m*
POIDS (MÂLE) : *environ 60 kilos*
POIDS (FEMELLE) : *environ 40 kilos*
DURÉE DE VIE : *12 ans*
RECORD : *il peut rester trois jours sans manger ni boire.*

La femelle allaite ses petits jusqu'à 3 mois. Avant d'aller chasser, elle les cache dans une tanière. Dès l'âge de 8 mois, le petit léopard sait chasser tout seul.

Le léopard se glisse en silence entre les hautes herbes et s'approche tout près d'un troupeau de gazelles.

La couleur noire de ce pelage est une anomalie : la peau a fabriqué trop de pigments. Ce phénomène se produit souvent dans les forêts sombres d'Asie. On parle alors de « panthère noire ».

Léopard ou panthère ?

Les deux noms désignent le même animal. On l'appelle léopard en Afrique, et panthère en Asie. Ce félin est beaucoup plus répandu en Afrique, dans la savane. En Asie, l'espèce est menacée à cause de la déforestation.

Un félin peu sociable

Le léopard vit seul, sauf au moment de la reproduction. À cette période, les mâles et les femelles s'accouplent, puis ils se séparent. La femelle élève seule ses petits pendant un an et demi. Puis elle les quitte pour s'accoupler de nouveau. Le mâle vit de son côté et ne cherche pas la compagnie des autres léopards.

Une alimentation à la carte

Le léopard préfère chasser les antilopes. Mais, s'il n'en trouve pas, il s'attaque aux singes, aux oiseaux, aux serpents, et même aux poissons. En mangeant toutes sortes de proies, le léopard réussit à survivre dans beaucoup de situations. C'est pourquoi il est moins menacé de disparition que les autres grands félins.

Le fauve à l'attaque

❶ Le léopard abat ses pattes avant sur la croupe de l'antilope. Il pèse sur elle de tout son poids.

❷ Il enfonce ses canines dans le cou de l'antilope. Il la tue en quelques secondes. Puis il ouvre son ventre pour retirer les organes qui ne sont pas bons à manger.

❸ Il hisse sa proie en haut d'un arbre. Il ne risque plus de se la faire voler par les hyènes ou les lions.

Le lycaon

Le lycaon ne vit qu'en Afrique. Il est adapté aux grosses chaleurs de la savane. Ce carnivore chasse chaque jour, car il ne mange que les animaux qu'il vient de tuer. Mais parfois les lions, les chacals et les hyènes lui volent ses proies.

Le lycaon, malgré ses grandes oreilles et son museau court, est un cousin du chien et du loup.

Une meute nomade

Comme le loup, le lycaon vit en meute. Dirigé par un couple dominant, le groupe parcourt jusqu'à 50 km par jour. Mais quand la femelle dominante a des petits, la meute reste trois mois près de la tanière.

Des chasseurs bien organisés

Une meute de dix à vingt lycaons peut abattre une grosse proie comme un zèbre ou une antilope. Elle s'en prend aux animaux les plus faibles des troupeaux d'herbivores.
Selon la situation, elle décide d'une course poursuite, d'une attaque éclair, d'un encerclement ou d'un harcèlement.
En moyenne, elle réussit sept chasses sur dix.
Une chasse demande tellement d'énergie aux lycaons qu'ils doivent faire deux repas par jour.

Des repas partagés

Après la capture d'une proie, les lycaons les plus jeunes et les plus faibles de la meute mangent les premiers. Pendant ce temps, les adultes écartent les lions, les hyènes, les chacals ou les vautours qui rôdent, prêts à voler la proie. Si cela se produit, les lycaons qui n'ont pas mangé se servent les premiers la fois suivante. Parfois, une meute affamée s'attaque à un mouton, une vache ou un âne. Alors les éleveurs, furieux, tirent à vue sur les lycaons.

Sa queue touffue indique l'humeur du lycaon, selon qu'il la dresse ou la glisse entre ses pattes.

Ses pattes robustes sont longues. Elles permettent au lycaon de faire de grands pas.

Seule la femelle dominante d'une meute a des petits. Tous les adultes, mâles et femelles, s'occupent d'eux.

En meute, les lycaons abattent des proies dix fois plus lourdes qu'eux.

Un chasseur de la savane

Ses grandes oreilles comptent de nombreux vaisseaux sanguins. Le sang se rafraîchit en circulant dedans.

Ses yeux perçants lui permettent de chasser le soir, quand il y a peu de lumière.

Son museau est large et court, presque toujours noir.

Son pelage tacheté aide le lycaon à se camoufler dans la savane.

Ses courtes griffes sont usées par le frottement sur le sol. Le lycaon ne peut pas griffer.

D'autres carnivores de la savane

L'otocyon est un canidé comme le lycaon, mais il ne pèse pas plus de 4 kilos. Il suit les troupeaux d'herbivores, mais il ne les attaque pas. Il se nourrit de scarabées et de leurs larves.

Le chacal à chabraque surveille les prédateurs de la savane. Car ce canidé trouve plus facile d'aller leur voler un morceau de proie que de chasser ! Pourtant, il mange de tout : des rongeurs, des oiseaux, des œufs, des fruits, des charognes et du bétail.

L'hyène tachetée n'est ni un canidé ni un félin. Mais c'est un carnivore. Elle vit en bande et peut attaquer de grosses proies, comme un buffle ou un zèbre. Il lui arrive aussi de voler sa proie à un autre prédateur.

CARTE D'IDENTITÉ

NOMS : *lycaon, loup-peint ou cynhyène*
NOM SCIENTIFIQUE : Lycaon pictus
HAUTEUR À L'ÉPAULE : *60 à 80 cm*
LONGUEUR DU CORPS : *80 à 100 cm*
LONGUEUR DE LA QUEUE : *30 à 40 cm*
POIDS : *25 kilos*
NOMBRE : *moins de 3 000*
RECORD : *il peut courir sur 5 kilomètres à 50 km/h.*
PARTICULARITÉ : *les taches du pelage sont différentes d'un individu à l'autre.*

Les oiseaux de la savane

Dans la savane africaine, il y a des oiseaux de toutes les tailles. Les plus petits profitent des étendues d'herbe pour se cacher et chercher des graines et des insectes. Les plus grands utilisent ces terrains bien dégagés pour chasser.

Les éboueurs de la savane
Les vautours, comme tous les charognards, jouent un rôle important dans la savane. En arrachant les moindres morceaux de viande sur les cadavres d'animaux, ils évitent que des maladies se propagent.

Le vautour dépouille les carcasses avec son bec puissant, sans salir son cou déplumé.

Des nids en herbe
Les tisserins envahissent les rares arbres de la savane pour y suspendre leurs nids. Ils les tressent avec des brins d'herbe. Beaucoup d'autres oiseaux installent leurs œufs à même le sol, sans construire de nid.

Pour se protéger des prédateurs, le mâle tisserin construit ses nids d'herbe dans les arbres.

Des repas variés

Dans la savane, chaque espèce d'oiseaux a son menu. Le tisserin n'utilise pas son bec court que pour tisser des nids. Il s'en sert pour décortiquer les graines dont il se nourrit. Les rapaces, eux, attrapent des proies vivantes ou dépècent des cadavres d'animaux. Quant à l'autruche, le plus grand des oiseaux, elle mange de tout !

Les vautours ont repéré un cadavre de girafe. Ils partagent leur repas avec les marabouts.

Gros plan sur l'autruche mâle

Une femelle et ses autruchons.

La championne de la savane
L'autruche est le plus gros oiseau du monde. Elle mesure jusqu'à 2,70 mètres de haut et peut peser 150 kilos. Trop lourde pour voler, elle se déplace à pied dans la savane africaine. L'autruche échappe à ses ennemis en s'enfuyant à plus de 60 km/h. Elle se nourrit de tout ce qui passe sous son bec : herbe, racines, feuilles, fruits, insectes, lézards, petits oiseaux et rongeurs. Elle peut même avaler des proies plus grosses que son cou !

Le percnoptère d'Égypte se nourrit d'œufs. Il casse ceux de l'autruche en les frappant avec une pierre.

La grue couronnée doit son nom à sa huppe de plumes jaunes sur sa tête.

Une grue préhistorique
La grue couronnée a un plumage peu serré, comme celui des oiseaux qui vivaient il y a 55 millions d'années. Cela ne l'empêche pas de bien voler. Elle peut même se percher dans un arbre, à la différence des grues européennes. Pourtant, elle niche au sol, entre les hautes herbes de la savane africaine.

Les kangourous

Les kangourous habitent les immenses prairies d'Australie. Dans les plaines desséchées, ils recherchent des racines, des herbes et des feuilles bien vertes. Ils les explorent à grands bonds sur leurs puissantes pattes arrière pour trouver des trous d'eau où boire.

Le kangourou saute sans se fatiguer. Il se met sur la pointe des pieds, bascule son corps en avant et se propulse !

Un petit à l'abri

Le kangourou est un mammifère marsupial. Contrairement aux mammifères placentaires, qui donnent naissance à des petits prêts à vivre à l'extérieur, le kangourou met au monde un petit prématuré. Les premiers mois de sa vie, il continue à se développer dans une poche spéciale, sur le ventre de sa mère, où il tète son lait. Neuf mois après sa première sortie, il y revient encore pour téter ou se reposer.

Naissance d'un kangourou

La femelle kangourou donne naissance à un petit, dont le développement n'est pas terminé. Il grandit et finit de se développer à l'extérieur du ventre de sa mère, à l'abri, dans une poche spéciale.

Des effectifs variables

Les années de sécheresse, les kangourous mangent peu et les femelles n'ont pas de petits. Il y a alors 7 millions de kangourous en Australie. Les années plus humides, les kangourous se reproduisent. On peut en compter, alors, jusqu'à 20 millions. Trop nombreux, ils sont chassés par les fermiers.

Pour rentrer dans la poche

❶ Quand le jeune retourne dans la poche de sa mère, elle l'aide à grimper en se penchant en avant.

❷ Arrivé au fond de la poche, il fait une culbute pour ressortir la tête et s'installe tant bien que mal.

❸ Le jeune garde hors de la poche ses pattes arrière et sa tête, pour respirer et regarder dehors.

Vivre sous le soleil

Beaucoup de kangourous sont actifs le soir et la nuit. Dans la journée, ils se protègent de la chaleur à l'ombre des acacias. Pour se rafraîchir, ils halètent comme des chiens et se lèchent les avant-bras.

Une grande famille

Il existe cinquante-deux espèces de kangourous. Ils vivent en Australie et en Nouvelle-Guinée. Le plus souvent, ils fréquentent les savanes, mais ils s'aventurent parfois en bordure des déserts. Certains sont petits comme des écureuils. D'autres, les kangourous roux par exemple, sont aussi grands que des hommes.

Le kangourou gris vit en petits groupes dominés par un mâle.

Des coups de pattes

Le kangourou gris est le plus répandu des kangourous. En pleine course, il fait des bonds de 10 mètres mais, quand il broute de l'herbe ou cueille des feuilles, il se déplace à quatre pattes par petits sauts, comme un lapin. Comme chez les autres grands kangourous, les mâles se livrent à de vrais combats de boxe. Ils se battent pour la nourriture, et aussi pour les femelles. Le vainqueur est souvent le seul à pouvoir s'accoupler.

❶ Le nouveau-né mesure 2 cm et pèse 1 g. Sa mère lèche sa fourrure pour le guider vers sa poche ventrale, le marsupium.

❷ En 5 minutes, le nouveau-né trouve un chemin dans la fourrure de sa mère, pour monter vers le marsupium et y pénétrer. Pendant ce temps, sa mère reste immobile pour qu'il ne tombe pas.

❸ Une fois dans le marsupium, le nouveau-né se fixe à l'une des deux mamelles de sa mère. Il y reste accroché 70 jours. Ensuite, il se décroche, mais il ne sort le bout de son museau qu'à 6 mois.

Les p'tits plus

TÊTE DE COCHON

L'oryctérope, qui a un museau en forme de groin, est aussi appelé cochon de terre. Il vit dans la savane africaine. Avec ses griffes, il creuse le sol à la recherche de termites ou de fourmis.

QUEL NEZ !

Le tamanoir est un fourmilier qui vit en Amérique du Sud. Son odorat est quarante fois plus puissant que celui de l'homme. Il lui sert à repérer les fourmilières. Il happe ensuite les fourmis avec sa longue langue.

ÉTONNANT MAMMIFÈRE

L'échidné vit dans les savanes d'Australie. Il a des piquants, comme un hérisson, et un long museau, comme un fourmilier. Mais il pond des œufs comme un oiseau. Il se nourrit de termites et de fourmis. Et quand il a trop chaud ou trop froid, il se cache sous la terre, comme une taupe.

PETIT MAIS MALIN !

Le serval est un petit félin d'Afrique. Ses pattes et ses oreilles sont très grandes

par rapport au reste de son corps. Il est très habile pour chasser les rongeurs et les oiseaux.

LE RATEL SUIT LE GUIDE

Le ratel adore le miel. Dans la savane d'Afrique, un oiseau, le grand indicateur, l'attire par ses cris vers un nid d'abeilles. Le ratel défonce le nid, et l'oiseau peut manger les larves.

ARC-EN-CIEL

Le margouillat est l'un des nombreux lézards de la savane africaine. Les femelles sont brun-kaki. Les mâles changent de couleur : ils sont bruns la nuit, mais au soleil, ils deviennent superbes : bleu et orange !

DES CHIENS SANS MAÎTRE

Les dingos vivent à l'état sauvage dans les savanes d'Australie. Ils sont les descendants de chiens domestiques abandonnés. Ils chassent des kangourous, des wombats et aussi de gros reptiles.

UN COUPLE INSÉPARABLE

Ces petits perroquets sont appelés des inséparables, car le mâle et la femelle restent le plus souvent ensemble. Ils sont originaires de Tanzanie, mais ceux qui sont vendus dans les animaleries sont nés en cage.

DÉFENSE D'Y TOUCHER

Des centaines de milliers d'éléphants ont été tués pour leurs défenses en ivoire. Aujourd'hui, ce trafic continue même si la plupart des pays africains l'interdisent.

COUREUR AMÉRICAIN

Le nandou est plus petit que l'autruche. Mais, comme elle, il ne peut pas voler. Alors, dans les savanes semi-arides d'Amérique du Sud, il guette les dangers pour prendre à temps la fuite en courant.

OUVRIERS DE CHOC

Ce monticule de terre est une termitière, le nid d'une colonie de termites. Ces insectes l'ont fabriquée en mélangeant de la terre à leur salive. Les termites sont très répandus en Afrique.

CHASSEURS D'IMAGES

Le safari est une chasse aux gros animaux de la savane. Le safari-photo, lui, a pour but d'observer les animaux, et de les prendre en photos.

LE PYTHON DE SEBA

Ce serpent d'Afrique est l'un des plus grands du monde. Il atteint parfois 6 m de long. Il est carnivore et peut avaler une antilope. Ensuite, il peut rester un an sans manger.

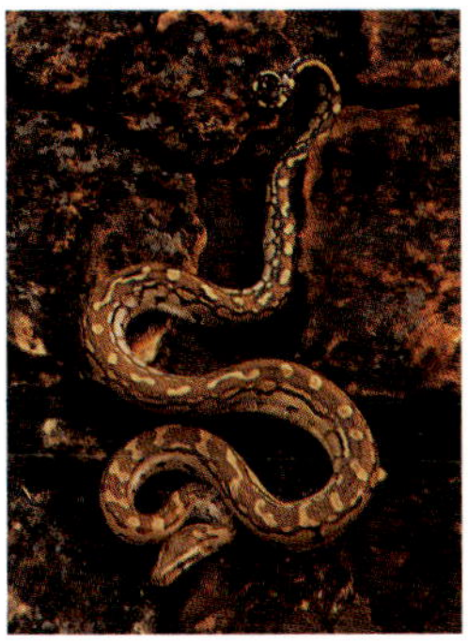

LE PORC-ÉPIC DU CAP

Ce rongeur vit dans la savane, dans le sud de l'Afrique. Quand il est attaqué par un félin ou un oiseau prédateur, il se défend en dressant les piquants qu'il a sur son dos. Il marche vite à reculons et abandonne plusieurs piquants dans la chair de son agresseur.

GROS TERRASSIER

Le wombat vit en Australie. Il a la taille d'un chien et creuse de longs terriers.

C'est un marsupial. Comme la femelle a sa poche qui s'ouvre vers l'arrière, elle peut circuler dans les galeries sans l'emplir de terre.

TONDEUSE À GAZON

Le buffle d'Afrique est un gros herbivore qui vit au centre du continent africain. Cet animal puissant et agressif a très peu de prédateurs. Il broute les hautes herbes de la savane. Il dégage ainsi les herbes basses que recherchent d'autres herbivores, comme les antilopes.

LE BABOUIN

Le babouin est l'un des singes les plus répandus en Afrique. On le reconnaît à son long museau qui rappelle celui du chien. Il vit en bandes d'une quarantaine d'individus menés par un chef mâle. Son régime est omnivore, et son principal prédateur est le léopard.

CHARMANTE GAZELLE

Le dik-dik doit son nom à son cri d'alarme. C'est une des plus petites gazelles d'Afrique. Elle ne pèse pas plus de 6 kilos. Elle broute toutes sortes de plantes qu'elle trouve entre les rochers.

ÉLAND OU ÉLAN ?

L'éland est une grosse antilope du sud de l'Afrique qui ressemble à une vache. Alors que l'élan (sans d), qui vit dans les forêts du Grand Nord, est plutôt de la famille des cerfs.

UN RAPACE HAUT SUR PATTES

Le serpentaire chasse en marchant dans les hautes herbes de la savane africaine. D'un coup de bec précis, il capture des serpents, des grenouilles ou des insectes.

CONCOURS DE VITESSE

Voici les records de vitesse de quelques espèces de la savane.
Rhinocéros : 45 km/h
Zèbre : 60 km/h
Lion : 80 km/h
Gazelle de Thomson : 80 km/h
Guépard : 110 km/h. C'est l'animal le plus rapide du monde.

Les forêts tropicales

Les forêts tropicales

Les forêts tropicales, appelées aussi jungles ou forêts vierges, abritent 40 % des espèces animales connues sur Terre, des animaux adaptés à la chaleur, à l'humidité et à la pénombre.

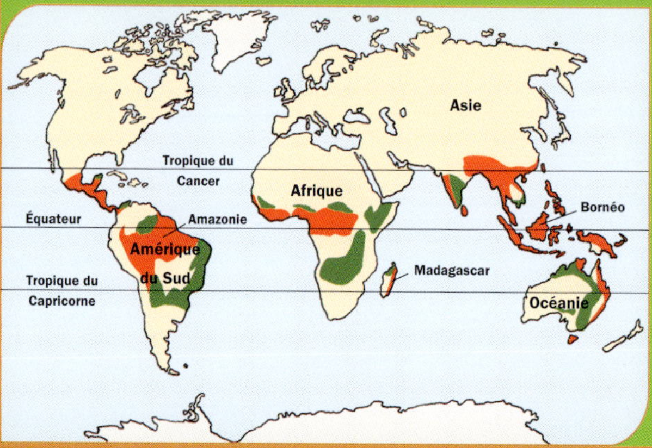

Les forêts tropicales de la planète

Les forêts tropicales humides sont très denses. Elles sont situées de part et d'autre de l'équateur, jusqu'au tropique du Cancer au nord, et au tropique du Capricorne au sud. Elles s'étendent tout autour du globe, en Amérique, en Afrique, en Asie et en Océanie.

Les forêts tropicales sèches sont plus clairsemées. Elles sont situées en bordure des forêts tropicales humides. Elles connaissent deux saisons marquées : la saison des pluies et la saison sèche.

Quelle chaleur !
Au niveau de l'équateur, il n'y a qu'une saison. Elle est chaude ! Car cette partie de la planète est proche du Soleil toute l'année. Et les rayons se concentrent sur une petite surface au sol. Il fait en moyenne plus de 21 °C.

Que de pluies !
Les régions équatoriales sont les mieux arrosées du monde : chaque année, il y tombe plus de 2 mètres de pluie. Les forêts y sont dites pluviales. Ces pluies détruisent le sol s'il n'est pas protégé par les arbres.

Que d'ombre !
Pour profiter du bain de lumière, les arbres des forêts denses élèvent leur cime à 40 ou 50 mètres du sol. Le soleil a du mal à pénétrer en dessous. Les plantes plus basses poussent dans l'ombre. C'est pourquoi ces forêts sont dites ombrophiles.

Les fourmis coupeuses de feuilles

Les fourmis sont les principales dévoreuses de plantes des forêts d'Amérique tropicale. Elles grignotent un cinquième du feuillage des arbres. Elles ne le mangent pas : elles l'utilisent pour cultiver le champignon dont elles se nourrissent.

Une fourmilière géante
Les fourmis coupeuses de feuilles vivent dans un nid au sol, la fourmilière. Il forme un dôme de 10 mètres de diamètre et s'enfonce à 6 mètres de profondeur. Il abrite jusqu'à 2 millions de fourmis ouvrières et une reine, leur mère.

Le rôle de la reine
La reine est la fondatrice du nid. Au cours d'un vol nuptial, elle s'accouple avec plusieurs mâles. Puis elle s'arrache les ailes et creuse le sol. Elle pond là ses premiers œufs.

Les premières ouvrières
Dans le nid, la reine recrache les champignons stockés dans son estomac. Ils poussent sur ses crottes. Ainsi, les premières ouvrières ont à manger dès leur naissance. Certaines restent près de la reine. Les autres partent en forêt couper des feuilles.

Les ouvrières au travail

❶ La fourmi éclaireuse s'éloigne jusqu'à 500 mètres du nid pour trouver des feuilles tendres. Sur son chemin, elle frotte l'extrémité de son abdomen et dépose des gouttes de liquide odorant. Elle peut sécréter vingt odeurs différentes. Les autres ouvrières pourront, grâce à leurs antennes, repérer ces odeurs et retrouver le chemin des feuillages.

❷ La fourmi découpeuse cisaille les feuilles avec ses mandibules tranchantes. Elle utilise son corps comme un compas. En pivotant sur ses pattes arrière, elle découpe des morceaux de feuille de même taille.

❸ La fourmi transporteuse saisit un morceau de feuille de 2 centimètres entre ses mandibules. Elle le rapporte au nid.

❹ La fourmi sentinelle se perche sur un morceau de feuille transporté, prête à donner l'alerte si elle repère un prédateur.

❺ Les fourmis soldats sont les plus grandes des ouvrières. Elles accourent au moindre danger. Elles n'ont pas peur de mordre un prédateur comme la grenouille dendrobate.

Trois félins de la forêt d'Amazonie

L'ocelot est un petit félin agile. Adulte, il mesure moins d'un mètre de long, mais c'est un excellent prédateur. Il chasse la nuit, du sol aux cimes, des oiseaux, des lézards et des petits mammifères.

Le jaguarondi ressemble à une grosse mangouste. Ce félin au pelage uni chasse le jour, le plus souvent au sol. Il se nourrit de petits rongeurs, d'oiseaux, de reptiles et aussi d'insectes.

Le puma a un pelage uni. Dans la forêt tropicale, il est moins gros qu'un jaguar. Il doit se contenter de petites proies, comme des tatous, des agoutis et des singes, car le jaguar capture les plus grosses.

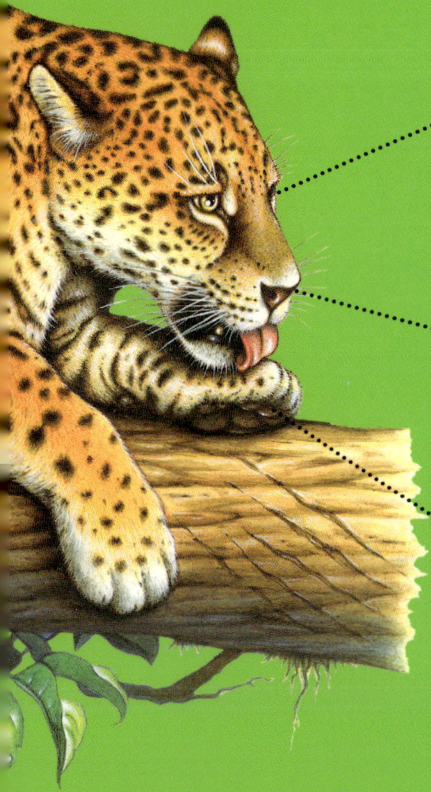

Le jaguar, roi d'Amazonie

Ses yeux lui permettent de voir dans la pénombre, grâce à ses pupilles qui se dilatent. Mais ses meilleurs sens sont l'ouïe et l'odorat.

Sa truffe lui permet de flairer une proie à distance. Le jaguar la perçoit aussi à ses bruits en orientant ses oreilles.

Ses pelotes digitales lui permettent d'avancer sans bruit. Elles cachent les fourreaux où se rangent les griffes rétractiles.

Le territoire d'un solitaire

Chaque jaguar a son territoire dans la jungle. Il chasse chaque jour sur une partie. Au passage, il griffe les arbres et asperge les feuilles de son urine. Le territoire d'un mâle recouvre ceux de plusieurs femelles.

Une brève rencontre

Quand un mâle détecte l'odeur particulière de l'urine d'une femelle, il s'approche d'elle. Le couple se forme pour deux à trois semaines. La femelle élève seule ses deux petits pendant deux ans. Puis les jeunes partent conquérir leur territoire personnel.

Des proies variées

Le jaguar ne se nourrit que de proies qu'il tue lui-même. Pour capturer un poisson, une tortue ou un caïman, il lance un puissant coup de patte. Pour tuer un pécari, un cerf ou un tapir, il s'abat dessus et lui transperce le crâne avec ses canines. Il dévore 5 kilos de viande d'un coup et cache le reste dans un fourré ou dans un arbre pour le lendemain.

Le jaguar, autrefois chassé pour sa belle fourrure, est à présent protégé.

Au cœur de l'Amazonie

En Amérique du Sud, la forêt amazonienne couvre une surface grande comme treize fois la France. C'est un des endroits de la planète qui abritent le plus de plantes et d'animaux sauvages. Pourtant, entre le sol et la cime des arbres, certains animaux ne se rencontrent jamais.

Au sommet des arbres
Les arbres de la forêt tropicale poussent vers la lumière jusqu'à 40 mètres du sol. Leurs feuillages forment une sorte de toit, la canopée. Des oiseaux, comme le toucan et l'ara, des animaux agiles, comme le singe-araignée et le singe ouakari, explorent les feuillages à la recherche de fleurs, de fruits et d'insectes. Leur prédateur, la harpie féroce, patrouille entre les cimes.

Le long des troncs
À 20 mètres du sol, il y a moins de lumière, et donc peu de feuilles. Le fourmilier, le paresseux et le singe-écureuil se déplacent sur les branches. Le quetzal creuse son nid dans les vieux troncs. Dans le fouillis des lianes le long des troncs, des reptiles, des grenouilles, des araignées et des chauves-souris guettent leurs proies.

Près du sol
Le sous-bois est obscur et peu habité. Les animaux qui vivent au sol, comme le tapir et le pécari, sont trapus. Près des rivières, où la lumière perce, la végétation est plus touffue. C'est le domaine du caïman, des tortues aquatiques et du hoazin, un oiseau qui vole mal et qui reste le plus souvent près du sol.

Les animaux de la jungle

1. La harpie féroce
2. Le tamarin-lion
3. Le boa émeraude
4. Le colibri
5. Le papillon morpho
6. Le pécari
7. L'agouti
8. La mygale
9. Le singe hurleur
10. Le singe-écureuil
11. Les chauves-souris
12. Le singe-araignée
13. Le ouakari
14. L'ara bleu
15. L'ara rouge
16. Le toucan toco
17. Le fourmilier
18. Le tapir
19. Le scarabée Megasoma
20. Les fourmis
21. Le caïman noir
22. Les piranhas
23. Les tortues
24. Le ver de terre géant
25. L'anaconda
26. Le serpent-liane
27. L'ocelot
28. Le hoazin
29. La rainette arboricole
30. Le serpent chironius
31. Le paresseux
32. Le quetzal

Les mygales

Les mygales font partie des plus grosses araignées du monde. Et les plus grandes mygales vivent dans la forêt tropicale. Elles sont carnivores. Elles utilisent des armes redoutables pour capturer leurs proies vivantes.

Une mygale amazonienne
La plus grande mygale vit au sol en Amazonie. Elle s'appelle la théraphose de Leblond. Elle creuse de profonds terriers, qu'elle ferme avec un couvercle formé de terre et de fils de soie.

CARTE D'IDENTITÉ

NOM : *théraphose de Leblond*
NOM SCIENTIFIQUE : Theraphosa leblondi
TAILLE : *25 cm*
LONGUEUR DE CHAQUE PATTE : *7 cm*
POIDS : *jusqu'à 120 grammes (celui d'un merle)*
SIGNE PARTICULIER : *la femelle doit s'accoupler après chaque mue.*
RECORD : *elle peut rester plusieurs semaines sans manger.*

Chasse à domicile
La théraphose s'installe le soir à l'entrée de son terrier. Elle soulève un peu le couvercle et laisse dépasser ses deux premières paires de pattes. Si un insecte ou un petit rongeur approche, la mygale sent vibrer les fils de soie tendus qui couvrent son terrier.

Festin souterrain
Quand la théraphose sent une proie à sa portée, elle bondit. Elle la saisit entre ses pédipalpes, la mord avec ses crochets et lui injecte son venin. Puis elle l'entraîne au fond de son terrier. Là, elle l'enduit de salive et la malaxe pour la ramollir. L'intérieur de la proie devient liquide. La mygale l'aspire et ne laisse qu'une boulette de peau sèche.

Les pédipalpes sont comme des doigts articulés. Ils servent à manipuler la proie et le cocon.

Deux crochets sont cachés près de la bouche, derrière des brosses de poils. Chaque crochet est parcouru par un canal où passe le venin.

Les poils de la mygale lui permettent de détecter les déplacements des proies ou des prédateurs.

Cette mygale s'accroche aux feuilles grâce à des pelotes de poils adhésifs.

Les chasseuses chassées
Les mygales se font parfois capturer par un oiseau, un reptile, un scorpion, ou même une autre mygale. Elles sont aussi victimes de guêpes qui pondent un œuf dans leur corps. La larve des guêpes dévore ensuite les mygales de l'intérieur.

Une grande famille
Il y a des mygales sur les cinq continents, le plus souvent dans les régions tropicales. Certaines fréquentent les déserts, et l'une d'elles vit en Europe. Une seule espèce a une morsure qui peut être mortelle pour l'homme. Elle vit au sud de l'Australie.

Une usine à soie
Les mygales produisent des fils de soie très résistants, pourtant dix fois plus fins qu'un cheveu ! Elles fabriquent le fil en fixant son extrémité à une feuille, puis en s'éloignant pour l'étirer. En effet, la soie qui sort à travers les filières est liquide. Elle se solidifie au contact de l'air.

La soie à tout faire
Les mygales utilisent leur soie pour consolider leur abri. Elles s'en font des couvertures sous lesquelles elles se cachent. Et les femelles tissent des hamacs de soie pour y déposer leurs œufs.

Trois modes de défense

Cette mygale vit en Afrique. Pour se défendre, elle se réfugie dans son terrier. Elle en ferme l'entrée et se tient prête à attaquer.

Cette mygale vit au Mexique. Elle possède des poils urticants, qu'elle projette sur son ennemi pour le faire fuir.

Pour s'échapper, cette mygale australienne peut abandonner un morceau de patte à son ennemi : il repousse ensuite.

Les grenouilles tropicales

Les grenouilles tropicales se déplacent de tronc en liane, à plus de trente mètres du sol, sans avoir peur de tomber ni de se faire attaquer. Elles ressemblent à des bonbons colorés ; pourtant certaines sécrètent par leur peau un poison paralysant.

Cette rainette aux yeux rouges est arboricole. Elle passe sa vie dans les arbres, accrochée aux feuilles par les ventouses de ses doigts.

Les belles vénéneuses
De nombreuses grenouilles tropicales ont des couleurs éclatantes, mais certaines sont vénéneuses.
Ce sont des dendrobates. Leur peau sécrète un poison mortel si violent qu'un gramme suffit à tuer vingt mille souris !
Leurs prédateurs, les oiseaux et les serpents, l'ont compris.
Quand ils repèrent de loin une grenouille colorée, ils évitent d'y goûter.

Au royaume des grenouilles
Il existe plus de trois mille cinq cents espèces de grenouilles et de crapauds connues sur Terre !
Plus de trois mille vivent sous les tropiques.
En effet, le climat leur convient bien. Les pluies fréquentes maintiennent leur peau toujours humide. Et la chaleur permet à leur corps de garder une température assez élevée pour qu'elles puissent bouger.

Toutes petites !
Beaucoup de grenouilles tropicales sont minuscules.
Par exemple, la rainette aux yeux rouges mesure 4,5 cm, pattes repliées.
La plus petite grenouille tropicale vit dans la forêt d'Amazonie. Elle ne mesure qu'un centimètre !
C'est le plus petit animal à quatre pattes que l'on connaisse au monde.

Grâce à leur couleur bleue, les grenouilles de cette espèce se reconnaissent facilement dans la pénombre de la forêt.

Cette grenouille est très agile. La couleur verte de son dos lui permet de bien se camoufler dans les feuillages.

Ces grenouilles se baignent dans des petites flaques d'eau de pluie aux creux des feuilles de plantes qui poussent sur les arbres.

La couleur de ce dendrobate avertit ses prédateurs qu'il est toxique.

Le chant des dendrobates
La grenouille-fraise mâle attire la femelle par son chant. Celle-ci pond ses œufs pendant l'accouplement, sur une feuille à 15 mètres du sol. Puis elle asperge ses œufs d'eau pour qu'ils ne dessèchent pas.

Des têtards dans les arbres
Quand un têtard sort de l'œuf, la femelle le porte sur son dos jusqu'à une flaque d'eau. Puis elle pond des œufs non fécondés pour le nourrir. Trois semaines après, le têtard se transforme en grenouille.

Gros plan sur un dendrobate : la grenouille-fraise

Sa peau est lisse et toujours humide. La grenouille respire et absorbe de l'eau par sa peau.

Grâce à ses narines la grenouille retrouve à l'odeur la flaque où elle a installé ses têtards.

Son tympan est une membrane ronde à l'arrière de ses yeux. Il permet à la grenouille de bien entendre.

Le bout de ses doigts est élargi en un coussinet gluant aussi adhésif qu'une ventouse.

Ses pattes arrière sont longues. Elles se détendent au moment du saut pour propulser la grenouille.

Ci-dessous, la grenouille-fraise grandeur nature. Elle mesure 2,2 cm de long, sans les pattes !

Chasseuses d'insectes
Les grenouilles tropicales se nourrissent d'insectes. Elles chassent leurs proies à vue et les capturent d'un coup de leur langue gluante. Pour fabriquer son poison, le dendrobate utilise l'acide formique contenu dans les fourmis qu'il mange.

Un poison naturel

Les Indiens d'Amazonie enduisent leurs flèches de poison en les frottant sur la peau des dendrobates, sans les blesser. Avant de manger la viande des animaux qu'ils ont chassés, ils la suspendent au-dessus du feu pour détruire le poison. Ils appliquent aussi parfois du poison sur leurs blessures pour calmer la douleur.

Le chimpanzé

Le chimpanzé vit en Afrique de l'Ouest, dans les forêts, denses ou clairsemées. Il se déplace le jour en marchant au sol ou en grimpant aux branches. La nuit, il dort à l'abri dans les arbres. Il reste toujours en contact avec les autres chimpanzés de son groupe.

Un animal sociable
Les chimpanzés vivent en groupes de 35 individus en moyenne. Les mâles passent leur vie dans le groupe où ils sont nés. Les femelles le quittent et donnent naissance à des petits dans un autre groupe dès 13 ans.

Le chimpanzé s'accroche aux branches aussi bien avec ses pieds qu'avec ses mains.

Notre plus proche cousin

Ses fesses sont couvertes de plaques de peau épaisses et cornées. Le chimpanzé n'a pas de queue.

Son corps est couvert d'une fourrure peu fournie. Sur ses fesses, ses aisselles, la paume de ses pieds et de ses mains, la peau est nue. Elle devient plus foncée avec l'âge.

Son pied possède un pouce opposé aux autres doigts. Cela permet au chimpanzé d'attraper des objets.

Ses bras sont plus longs que ses jambes. Le chimpanzé replie les doigts de ses mains pour marcher à quatre pattes.

CARTE D'IDENTITÉ

NOM : *chimpanzé*
NOM SCIENTIFIQUE : Pan troglodytes
LONGUEUR DU CORPS (MÂLE) : *80 cm à 1 m*
LONGUEUR DU CORPS (FEMELLE) : *70 à 85 cm*
POIDS (MÂLE) : *40 à 60 kilos*
POIDS (FEMELLE) : *30 à 45 kilos*
DURÉE DE VIE : *de 40 à 50 ans*
NOMBRE : *moins de 200 000, il est menacé par la chasse.*
SIGNE PARTICULIER : *il peut émettre plus de 30 cris différents.*

Le drill aux couleurs foncées passe inaperçu dans les sous-bois obscurs. Il vit en groupe, le plus souvent au sol. Il ne fréquente pas les mêmes forêts que son cousin le mandrill.

D'autres singes d'Afrique de l'Ouest

Le mandrill est le mammifère le plus coloré du monde. Le mâle adulte a la face, les fesses et le sexe bleu et rouge. Les femelles et les jeunes ont, eux, le visage sombre.

Des outils spécialisés

Le chimpanzé utilise plusieurs outils. Il déloge les fourmis et les termites de leur nid avec un brin d'herbe ou un rameau souple. Il casse des noix entre deux pierres ou deux bouts de bois. Pour boire, il puise l'eau d'une flaque avec une large feuille. Et il met en fuite ses adversaires à coups de branches ou de pierres.

Des menus variés

Le chimpanzé se nourrit surtout de fruits, de graines et de feuilles. Il recherche aussi des insectes, des œufs et du miel. C'est également un grand chasseur. Il attaque en groupe d'autres singes, comme les colobes, des jeunes antilopes, et même des oiseaux. La viande est ensuite partagée entre les chimpanzés du groupe.

Un petit unique

Une femelle chimpanzé a rarement plus de cinq petits dans sa vie. Le plus souvent, elle ne donne naissance qu'à un bébé à la fois, tous les trois ou quatre ans. Elle le protège pendant dix ou onze ans en compagnie de ses aînés. Mais beaucoup de petits meurent en bas âge, et seuls deux ou trois de ses jeunes deviennent adultes.

Chaque soir, la femelle chimpanzé se couche avec son petit dans un nouveau nid. Ils dorment 12 heures par nuit.

Les lémuriens

Les lémuriens vivent sur l'immense île de Madagascar. Il en existe trente espèces. Elles se sont adaptées à la vie dans les arbres. La plupart se nourrissent de feuilles, de fruits et d'écorces. Certaines recherchent les insectes et leurs larves.

Quatre lémuriens nocturnes

1 L'aye-aye s'agrippe aux arbres et extrait les larves d'insectes avec ses doigts crochus.

2 Le microcèbe roux est gros comme une souris. Il dort toute la journée dans son nid.

3 Le grand chirogale jeûne plusieurs mois grâce aux réserves de graisse de sa queue.

4 L'avahi laineux pousse des cris puissants pour chasser les intrus de son territoire.

C'est quoi, un lémurien ?

Les lémuriens sont des primates, comme les singes. Leurs ancêtres, originaires d'Afrique, sont arrivés à Madagascar il y a 35 millions d'années. Depuis, ils y ont évolué sans prédateurs ni concurrents.

En effet, il n'y a ni fauves ni singes sur cette île.

Le plus grand des lémuriens

L'indri mesure 70 cm de haut. Il ne descend jamais au sol. Il saute comme un acrobate de tronc en tronc, avec son petit accroché à sa fourrure. Il cueille sur les branches les feuilles dont il se nourrit.

Un équipement d'acrobate

Les lémuriens ont un corps adapté à leur vie arboricole. Leurs yeux, frontaux, leur permettent d'évaluer la distance entre les troncs avant de sauter. Leurs ongles courts et leurs pouces opposés aux autres doigts leur assurent une bonne prise aux branches.

Les maîtres de la forêt

Les lémuriens ont besoin d'arbres pour se nourrir et s'abriter. Certains vivent dans des forêts tropicales sèches, d'autres dans des savanes arborées. La plupart sont installés dans la forêt tropicale humide. Autrefois, cette forêt couvrait toute la côte est de Madagascar.

Un refuge menacé

Aujourd'hui, il ne reste plus qu'un dixième de cette forêt, car les paysans, très pauvres, l'ont défrichée pour cultiver la terre. Beaucoup de lémuriens, privés d'abri ou de nourriture, risquent de disparaître s'ils ne trouvent pas refuge dans des réserves protégées.

Trois lémuriens diurnes

Le lémur vari se nourrit surtout des fruits de trois espèces d'arbres. À la saison des pluies, il prélève aussi le nectar avec son long museau et sa langue sans détruire les fleurs. Il est connu pour ses cris perçants et rauques.

Le sifaka de Coquerel se nourrit de plus de cent plantes différentes. À la saison sèche, il mange surtout des feuilles, des bourgeons et des écorces. À la saison des pluies, il se régale de fruits, de fleurs et de jeunes pousses.

Le propithèque diadème passe toute sa vie dans les arbres de la forêt tropicale. Selon la saison, il cueille chaque jour plus ou moins de feuilles tendres, de fruits ou de fleurs, sur vingt-cinq espèces de plantes différentes.

Le tigre du Bengale

Le tigre du Bengale vit dans les jungles tropicales d'Asie, toujours près de l'eau. C'est le plus puissant de tous les félins. Il chasse au sol, à la tombée du jour, en se faufilant sans bruit dans la végétation dense pour mieux surprendre ses proies.

La tigresse a le plus souvent des portées de deux petits.

Un chasseur solitaire
Le tigre chasse à l'affût. Plaqué au sol, il s'approche à 10 ou 20 mètres de sa proie. Puis il saute sur elle en deux bonds. Il la renverse et l'étouffe en lui mordant la gorge. Sa proie meurt en moins de 2 minutes.

La naissance d'un chasseur
Les jeunes tigres sont élevés par leur mère. Elle les allaite pendant six mois, mais, dès l'âge de 2 ou 3 mois, elle les emmène manger de la viande sur la carcasse de ses proies. Elle leur apprend ensuite à chasser. Ils ne savent tuer leurs proies seuls qu'à l'âge de 18 mois. Ils quittent alors leur mère pour conquérir leur territoire.

CARTE D'IDENTITÉ

NOM : *tigre du Bengale*
NOM SCIENTIFIQUE : Panthera tigris tigris
POIDS (MÂLE) : *180 à 250 kilos*
POIDS (FEMELLE) : *125 à 160 kilos*
TAILLE SANS LA QUEUE (MÂLE/FEMELLE) : *2,90 m / 2 m*
DURÉE DE VIE : *15 à 20 ans*
NOMBRE : *moins de 5 000. C'est un animal protégé.*
RECORD : *il peut courir à plus de 60 km/h !*
SIGNE PARTICULIER : *il arrive qu'il attaque les humains.*

Près des rivières, le tigre fréquente les fourrés touffus des sous-bois.

Des repas copieux

Le tigre capture toutes sortes d'animaux, oiseaux, poissons, mammifères. Quand il abat une grosse proie, comme un cerf chital ou un gaur, il la tire à l'abri pour la protéger des charognards. Il mange jusqu'à 30 kilos de viande en une fois. Il garde les restes cachés sous des feuilles pour les 2 ou 3 jours suivants.

Le tigre, le plus puissant des félins

Sur ses larges omoplates se fixent des muscles qui permettent aux pattes avant de s'écarter largement. Cette particularité donne de la force à l'attaque du tigre.

Grâce à son cou très musclé, le tigre peut garder la tête levée pendant sa course. Ainsi, il ne perd pas sa proie de vue.

À son crâne, long et volumineux, sont attachés des muscles très puissants. Le tigre peut briser les pattes de sa proie d'un coup de mâchoire.

Ses canines pointues mesurent jusqu'à 8 cm. Leurs racines s'enfoncent profondément dans la mâchoire.

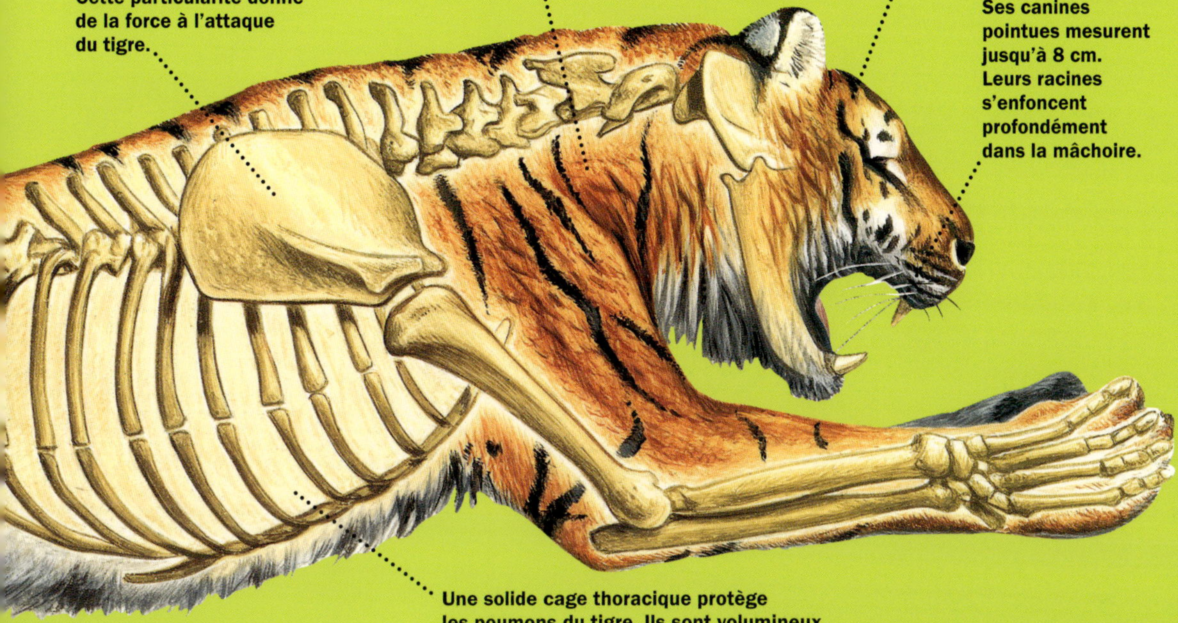

Une solide cage thoracique protège les poumons du tigre. Ils sont volumineux et permettent une bonne oxygénation des muscles pendant la course.

Des griffes rétractiles

Les félins ont tous des griffes rétractiles, sauf le guépard.

❶ Le tigre rentre ses griffes entre les pelotes de ses pattes quand il marche.

❷ Il les sort pour attaquer. Ainsi, elles sont toujours bien acérées. Elles mesurent jusqu'à 6 cm de long.

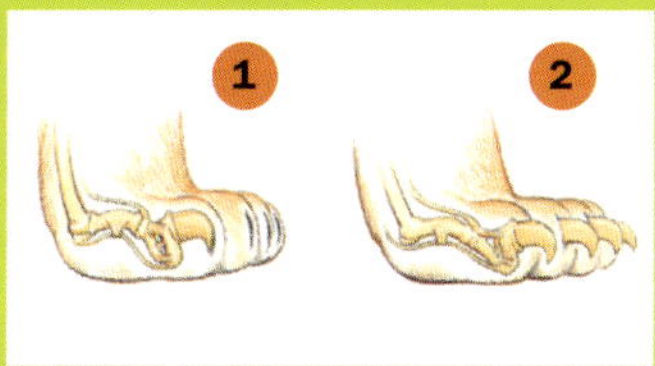

Grâce à sa mâchoire puissante, ce tigre brise le cou d'un cerf chital.

L'orang-outan de Bornéo

L'orang-outan est un grand singe. Comme le gorille et le chimpanzé d'Afrique, il a un cerveau bien développé. Les orangs-outans vivent dans les forêts tropicales d'Asie. Il existe deux espèces d'orangs-outans. L'une vit sur l'île de Bornéo et l'autre, sur celle de Sumatra.

Le nomade solitaire

Toute la journée, l'orang-outan se déplace avec lenteur dans les arbres, à 15 ou 30 mètres du sol. Il parcourt ainsi plus de 600 mètres, de branche en branche. Il connaît si bien la forêt qu'il retrouve certains arbres au moment où leurs fruits sont mûrs à point.

Un gros mangeur de fruits

L'orang-outan mange plusieurs kilos de fruits par jour. Il aime aussi les écorces, les champignons, les feuilles tendres. Il connaît plus de 400 plantes comestibles. Et, au passage, il croque des insectes.

Un grand dormeur

Chaque soir, l'orang-outan construit un nouveau nid dans un arbre à plus de 10 mètres du sol. En quelques minutes, il se prépare un matelas de feuilles. Il s'endort vers 19 heures pour une nuit de dix heures. Et, la journée, il fait une sieste de deux ou trois heures !

La rencontre des solitaires

L'orang-outan vit en solitaire. Mais, quand un mâle sent l'odeur d'une femelle en chaleur, il lance un grand cri. La femelle le rejoint alors.

L'orang-outan utilise ses pieds comme des mains. Il peut replier ses orteils aux extrémités aplaties autour d'une branche.

CARTE D'IDENTITÉ

NOM : *orang-outan de Bornéo*
NOM SCIENTIFIQUE : Pongo pygmaeus
TAILLE (MÂLE) : *1,40 m*
TAILLE (FEMELLE) : *1,10 m*
POIDS (MÂLE) : *80 à 90 kilos*
POIDS (FEMELLE) : *30 à 45 kilos*
NOMBRE : *moins de 20 000, il est menacé par le braconnage et la déforestation.*
SIGNE PARTICULIER : *il n'a pas de queue.*

Gros plan sur une famille d'orangs-outans

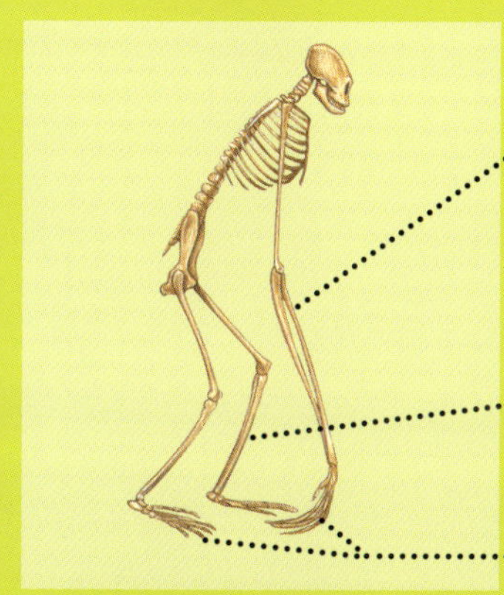

Le squelette de l'orang-outan

Les bras sont une fois et demie plus longs que les jambes. Quand l'orang-outan se tient les bras écartés, la distance d'une main à l'autre peut atteindre 2,40 m.

Les jambes sont courtes et incurvées. L'orang-outan marche mal debout.

Les mains et les pieds sont grands.

Le mâle orang-outan

❶ Son visage se caractérise par des renflements de graisse sur ses joues qui amplifient son cri.

❷ Ses épaules sont musclées et couvertes d'une cape de poils longs de 50 cm.

❸ Son sac laryngien, situé sous le menton, peut contenir plusieurs litres d'air. Il le gonfle quand il crie.

L'orang-outan boit peu d'eau. Le plus souvent, il se contente du jus des fruits.

À l'école de la forêt

La femelle orang-outan a un petit tous les trois ou quatre ans. Il reste avec elle pendant sept ans. Les huit premiers mois, le petit accompagne sa mère dans tous ses déplacements, au début agrippé à ses longs poils, puis en s'accrochant lui-même aux branches. Avec elle, il apprend à se repérer dans la jungle et à reconnaître les plantes bonnes à manger.

Le koala

Le koala ne vit qu'en Australie, dans les forêts d'eucalyptus. Il ressemble à un petit ours, mais c'est un mammifère marsupial. Comme le kangourou, le koala femelle a une poche sur le ventre, dans laquelle se développe son petit.

Une mère koala et son petit

Les oreilles du koala sont rondes et bordées d'une frange de long duvet. Son ouïe est très bonne.

Les doigts larges du koala ont de fortes griffes. Le pouce et l'index des pattes avant sont très proches. Tout cela lui permet de bien saisir les branches.

Le nez, noir et aplati, possède deux grosses narines. Le koala a un très bon odorat.

La fourrure du koala est épaisse et douce. Elle le protège de la chaleur et de la pluie. Sa queue ne mesure qu'un ou deux centimètres.

Le marsupium, ou poche ventrale abrite les mamelles Elle s'ouvre vers le bas.

Dans la poche

Le bébé koala ne pèse que 5 grammes à la naissance. Il rampe dans la poche de sa mère, ouverte vers le bas. Il s'accroche à ses poils et se fixe sur un téton pour ne pas tomber.

Sur le dos

À 5 mois, le petit koala pèse 500 grammes. Il quitte la poche de sa mère et grimpe sur son dos. Bien cramponné à sa fourrure, il l'accompagne partout dans les arbres. Mais il retourne encore téter dans la poche.

CARTE D'IDENTITÉ

NOM : *koala*
NOM SCIENTIFIQUE : Phascolarctos cinereus
TAILLE : *60 à 80 cm*
POIDS : *7 à 12 kilos*
DURÉE DE VIE : *15 à 20 ans*
NOMBRE : *moins de 100 000 ; autrefois chassé pour sa fourrure, il est menacé par la déforestation.*
SIGNE PARTICULIER : *il ne boit presque jamais d'eau.*
RECORD : *son cerveau ne pèse pas plus de 17 grammes !*

Actif la nuit, le koala dort 18 heures par jour, bien calé dans un arbre.

Un menu de feuilles
Chaque koala exploite un grand territoire dans les forêts d'eucalyptus. Chaque nuit, il récolte les 500 grammes de feuilles dont il a besoin pour se nourrir.
Il les choisit une par une parmi 35 des 600 espèces d'eucalyptus australiens.

Une nourriture indigeste
Le koala mange beaucoup de feuilles d'eucalyptus, car elles fournissent peu d'énergie.
Mais si le koala les choisit avec tant de soin, ce n'est pas par caprice : certaines peuvent l'empoisonner ! En effet, selon les saisons, elles contiennent plus ou moins de substances toxiques, comme l'acide cyanhydrique.

Une digestion adaptée
Pour digérer cet étrange menu, le koala a un foie, deux reins et des intestins spéciaux. Son foie et ses reins éliminent les poisons de l'eucalyptus pour qu'ils ne l'intoxiquent pas. Et ses intestins abritent des bactéries qui détruisent en partie la cellulose coriace des feuilles.

Une bouillie pour bébé
Jusqu'à 5 mois, le petit koala ne boit que le lait de sa mère. Ensuite, il se nourrit d'une bouillie spéciale faite de feuilles d'eucalyptus digérées et de bactéries. Il la prélève sur l'anus de sa mère. Après un mois de ce régime, le petit peut digérer tout seul sa nourriture d'adulte.

Pour bien les choisir, le koala flaire les feuilles d'eucalyptus une à une.

D'autres marsupiaux des forêts

Le kangourou arboricole a des pattes avant et arrière presque de même taille. Des coussinets sous les pattes lui permettent de ne pas glisser des arbres.

La souris à miel se nourrit de pollen et de nectar des fleurs. Son long museau lui permet de plonger au centre de la fleur. Elle peut ensuite lécher le nectar avec sa langue.

Le phalanger volant fait des sauts impressionnants d'arbre en arbre. Il peut planer grâce à une grande membrane de peau tendue entre ses pattes, qui lui sert de parachute.

Le couscous se sert de sa longue queue comme d'une cinquième patte. Il peut l'accrocher aux branches. Elle est assez robuste pour supporter son poids.

Les p'tits plus

LE PUISSANT BŒUF DES BOIS

Le gaur se cache dans l'ombre des forêts d'Asie. Il sort en lisière le soir et tôt le matin. Malgré ses 800 kilos, le tigre n'hésite pas à l'attaquer.

UN MAMMIFÈRE À ÉCAILLES

Le pangolin a des écailles de corne qui le protègent des piqûres de ses proies, les insectes. Ce carnivore vit dans les forêts tropicales d'Asie et d'Afrique.

À L'ABRI DANS LES ARBRES

Dans les forêts du Sri Lanka, le macaque à toque passe les trois quarts de son temps dans les arbres. Car, au sol, il se fait attraper par les chiens.

DES CHAUVES-SOURIS RENVERSANTES

Dans les forêts tropicales, certaines chauves-souris ne chassent pas les insectes. Elles repèrent les fruits bien mûrs et se suspendent aux arbres pour les croquer.

LE PLUS NOCTURNE DES SINGES

C'est le douroucouli. Avec ses grands yeux et ses gros sourcils, il ressemble à une chouette. En plus, il hulule ! Il vit en Amérique centrale.

DRÔLE DE BÊTE

L'ornithorynque passe la moitié de son temps à terre, et l'autre dans les rivières des forêts d'Australie.

Cet étrange animal a un bec et pond des œufs. Mais ce n'est pas un oiseau ! La femelle produit du lait qui s'écoule par les pores de sa peau. Ses petits se nourrissent en léchant sa fourrure.

UN SINGE À CINQ PATTES

Le muriqui, un singe-araignée du Brésil, utilise sa queue comme une cinquième patte. Grâce à son extrémité sensible, il s'accroche aux branches et manipule les feuilles et les fruits.

GROS NILGAU

Le nilgau est une antilope au pelage gris-bleu, de la taille d'un cheval. Il vit dans les forêts tropicales sèches et clairsemées du nord de l'Inde.

LE COUSIN DU CHIMPANZÉ

Le chimpanzé est un primate comme l'homme. Son plus proche cousin, le bonobo, n'a été découvert qu'en 1929. Il vit dans la forêt tropicale au sud du fleuve Zaïre, en Afrique. On en compte aujourd'hui moins de 10 000.

TRAFIC

L'ara hyacinthe est recherché pour son plumage bleu. Le braconnier qui le capture en forêt le vend 10 euros à un trafiquant. L'oiseau peut ensuite être vendu jusqu'à 50 000 euros en Europe, s'il arrive vivant !

LE COUSIN DE LA GIRAFE

C'est l'okapi, l'un des plus grands animaux des forêts tropicales d'Afrique. Il se nourrit la nuit en utilisant sa longue langue pour cueillir les feuilles et les fruits des arbres.

DES ÉLÉPHANTS DANS LA FORÊT

Une espèce d'éléphants vit dans les forêts tropicales d'Afrique, où ils se faufilent grâce à leur petite taille. L'éléphant d'Asie (en photo), lui aussi plus petit que l'éléphant de savane, vit le plus souvent dans la forêt.

TENUE DE CAMOUFLAGE

Les ailes du papillon morpho d'Amazonie brillent d'un éclat bleu métallique. Mais au repos, ses ailes fermées sont brunes. Le papillon passe ainsi inaperçu.

UN BEC DE NOUVEAU-NÉ

Le toucan toco, le plus grand des toucans, a un bec orange qui mesure 20 cm de long. Mais, quand il sort de l'œuf, le poussin a un petit bec rose pâle.

HAUTE VOLTIGE

Le gibbon a les bras plus longs que les jambes. Il s'en sert pour se déplacer dans les arbres des forêts d'Asie. Il se balance à bout de bras et saisit des branches à plus de trois mètres de lui.

LES RUSES DES TAPIRS

Grâce à leur forme allongée, les tapirs se faufilent dans les fourrés des forêts tropicales d'Amérique du Sud. Et, pour échapper aux jaguars ou aux pumas, ils se jettent à l'eau dans les rivières.

LE PLUS LONG SERPENT DU MONDE

C'est l'anaconda. Il peut atteindre 10 mètres de long. Ce boa vit près des fleuves dans les forêts tropicales d'Amérique. Il n'a pas de venin, mais il peut tuer un caïman en l'étouffant.

À L'AFFÛT DANS UN ARBRE

En Afrique et en Asie, le léopard (ou panthère) chasse aussi en forêt. Il avance sans bruit vers ses proies ou il attend dans un arbre qu'elles passent en dessous pour bondir.

LA VIE EN SUSPENSION

Le paresseux reste nuit et jour suspendu aux branches, le dos vers le sol. Ses griffes autobloquantes lui permettent de se tenir sans se fatiguer.

Il se déplace très lentement. Son pelage verdâtre le protège de la harpie féroce, qui a du mal à le repérer.

UN SINGE CHAUVE

Le ouakari rubicond vit en haut des arbres des forêts tropicales inondées d'Amérique. Ses poils ne couvrent ni sa face ni le haut de son crâne. Malgré son air effrayant, c'est un paisible végétarien.

DES PLUMES FORTES EN COULEURS

Les aras sont parmi les oiseaux les plus colorés de la canopée. Les couleurs de leurs plumes proviennent des pigments des fruits qu'ils grappillent dans la forêt.

ARMURE CONTRE GRIFFES

Malgré sa peau épaisse comme une armure, le tatou est la proie du puma, dans les forêts tropicales d'Amérique où ils vivent. Le félin l'attaque à coup de griffes.

Les océans tropicaux

Les océans tropicaux

Les océans occupent presque les trois quarts de la surface de notre planète. La vie animale y est très riche. Elle s'est beaucoup développée près des côtes, où vivent une multitude d'espèces.

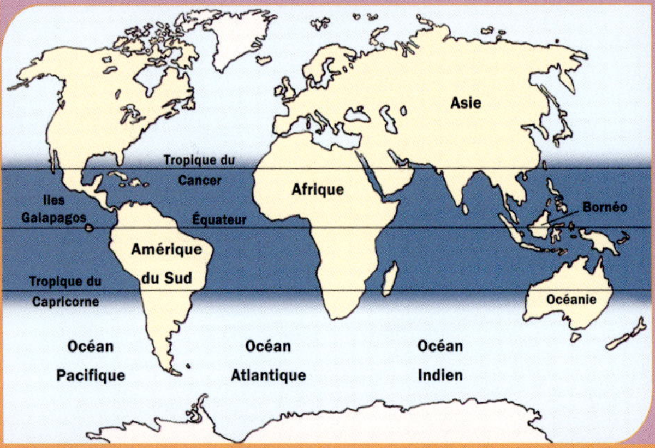

Les mers chaudes du globe

De chaque côté de l'équateur et autour des tropiques, l'eau de la mer est plus chaude que partout ailleurs au monde. Elle avoisine les 25 °C. Les océans Pacifique, Atlantique et Indien ont tous une zone équatoriale et tropicale.

Certaines parties des océans sont appelées « mers », car elles sont moins profondes. Les mers chaudes sont régulièrement soumises à des phénomènes climatiques. Des courants chauds et froids, des vents parfois très forts, comme les cyclones, ont une influence sur la vie sous-marine.

Naître en mer chaude
De nombreux animaux marins sillonnent les océans sur des milliers de kilomètres. Les baleines, les dauphins, les tortues viennent se reproduire dans les zones tropicales. Puis ils repartent. Certains vont jusqu'aux pôles.

Vivre sous l'eau
Pour respirer, les poissons ont des branchies à la place des poumons. D'autres animaux pratiquent l'apnée en bloquant leur respiration. Au cours de l'évolution, le corps des animaux marins s'est allongé pour mieux glisser dans l'eau.

S'approcher des côtes
Les eaux peu profondes attirent les animaux marins, car ils y trouvent plus de plancton pour se nourrir qu'en pleine mer. Mais les côtes sont dangereuses pour eux à cause de la présence humaine et parce qu'ils risquent de s'échouer.

Les animaux de la mangrove

La mangrove est une forêt tropicale qui est régulièrement envahie par la mer. La plupart des côtes tropicales sont couvertes de mangroves. Elles sont habitées par une multitude d'animaux.

Une forêt dans la mer
La mangrove est formée d'arbres qui supportent le sel, l'eau chaude et la vase. En effet, deux fois par jour, à marée haute, la mer envahit la forêt. L'arbre le plus répandu est le palétuvier. Ses feuilles nourrissent les animaux marins, ses racines leur servent de refuge. Le palétuvier rouge a des racines qui forment des sortes de ponts. Les racines du palétuvier noir sortent de l'eau comme des clous.

La mangrove à marée basse

Observe sur cette illustration les animaux qui vivent dans la mangrove de Bornéo.

❶ Le nasique mange les feuilles et les fleurs des palétuviers.

❷ La spatule est un échassier. Son nom vient de la forme de son bec.

❸ Le macaque crabier vient fouiller la vase pour pêcher des crustacés.

❹ Le périophthalme est un poisson qui peut rester hors de l'eau.

❺ Le varan monitor est un très grand lézard.

❻ La couleuvre aquatique mesure jusqu'à un mètre de long.

❼ Le poisson tireur attrape les insectes en crachant un long jet d'eau.

❽ Le gros crabe fouisseur sort pour chasser, puis il se cache dans son terrier.

❾ Le petit crabe violoniste mange des débris de végétaux.

❿ Le bihoreau gris est un héron. Immobile, il guette les grenouilles.

⓫ Le crotale de Wagler capture ses proies sans quitter sa branche.

⓬ Le martin-pêcheur à dos roux traque les petits animaux marins. Il peut s'attaquer aux crabes.

⓭ Le siffleur des mangroves chasse les insectes avec son bec crochu.

⓮ La grande roussette est une chauve-souris qui se nourrit de fruits. Le jour, elle ne bouge pas.

⓯ Le serpent des palétuviers chasse seulement la nuit.

⓰ La grenouille carcinophage mange des petits crabes.

⓱ Le petit crabe fantôme court très vite sur la vase pour échapper à ses prédateurs.

⓲ Les huîtres s'accrochent aux racines des palétuviers.

⓳ Le martin-chasseur trapu se nourrit de petits poissons.

L'iguane marin

Il existe plus de 600 espèces d'iguanes dans le monde. Tous vivent à terre, sauf l'iguane marin, que l'on trouve au bord des îles Galapagos, dans l'océan Pacifique. Sur ces îles très isolées vivent d'autres animaux, parfois vraiment étranges.

Il est végétarien
L'iguane fait partie de la famille des lézards. La plupart d'entre eux sont carnivores. Mais l'iguane marin, lui, mange surtout des algues. Il plonge pour les brouter. Il peut rester dix minutes sous l'eau sans respirer. Au bout de cinq minutes, les battements de son cœur ralentissent.

L'iguane marin nage bien grâce à sa longue queue qui lui sert de rame.

CARTE D'IDENTITÉ

NOM : *iguane marin*

NOM SCIENTIFIQUE : Amblyrhynchus cristatus

TAILLE : *jusqu'à 1,20 mètre*

SIGNE PARTICULIER : *pour rejeter le trop-plein de sel de sa nourriture, il le stocke puis l'expulse par les narines sous forme de cristaux.*

Il lézarde au soleil
Dès l'aube, les iguanes s'allongent au soleil. Lorsque la température de leur corps dépasse 30 °C, ils plongent dans la mer pour se nourrir. Mais l'eau les refroidit rapidement, et ils ressortent pour se réchauffer.

Un iguane marin au repos

Des animaux uniques
L'iguane marin ne vit que sur les îles Galapagos. Quand une espèce n'existe qu'à un seul endroit au monde, on dit qu'elle est endémique. L'archipel des Galapagos comporte une douzaine d'îles, qui sont longtemps restées désertes. Il y a trois millions d'années, des animaux sont venus d'Amérique du Sud, en volant ou en flottant sur des branchages. Ils ont vécu isolés du monde pendant des millénaires. C'est pourquoi certaines espèces des Galapagos sont uniques.

Les iguanes terrestres
Sur les îles Galapagos vivent deux espèces d'iguanes terrestres qui se nourrissent de feuilles d'acacia et de cactus. Comme tous les reptiles, ils se reproduisent en pondant des œufs.

Les tortues géantes
Le mot « galapago » est espagnol et veut dire tortue. L'archipel a été nommé ainsi à cause de ses tortues terrestres, qui sont différentes sur chaque île. Les plus grosses pèsent 300 kilos ! Elles peuvent vivre plus de cent ans.

300 espèces de poissons
Les îles Galapagos se trouvent près de l'équateur, mais elles sont baignées de courants froids. L'eau y est très poissonneuse, ce qui attire manchots et otaries.

Le paradis des oiseaux
Les îles abritent une trentaine d'espèces d'oiseaux. Certaines sont uniques, comme le cormoran des Galapagos. Cet oiseau a de moins en moins volé, car il n'avait pas d'ennemi. Ses ailes sont devenues si petites qu'aujourd'hui il ne sait plus voler.

Les tortues marines

Les tortues marines sont les plus gros reptiles des mers. Elles passent toute leur vie en mer, préférant les eaux chaudes des tropiques. Seules les femelles adultes viennent à terre, pour pondre leurs œufs.

Un animal du passé
Les tortues vivaient déjà au temps des dinosaures. Certaines d'entre elles se sont adaptées au milieu aquatique, devenant des tortues marines. Mais elles font toujours partie de la famille des reptiles.

Une vie en mer
Les tortues marines passent leur vie en mer. Elles ne vont pas à terre, sauf pour pondre leurs œufs. Elles n'ont pas de branchies et elles doivent monter à la surface pour respirer. À force de vivre sous l'eau, elles ont perdu l'habitude de marcher, et aussi de rentrer leur tête sous leur carapace.

La tortue à écailles est connue pour sa magnifique carapace. Elle mesure moins d'un mètre de long et pèse environ 50 kilos.

La tortue de Ridley est aussi appelée tortue olivâtre. Elle vient pondre par groupes d'au moins 300 femelles.

Une tortue verte nageant

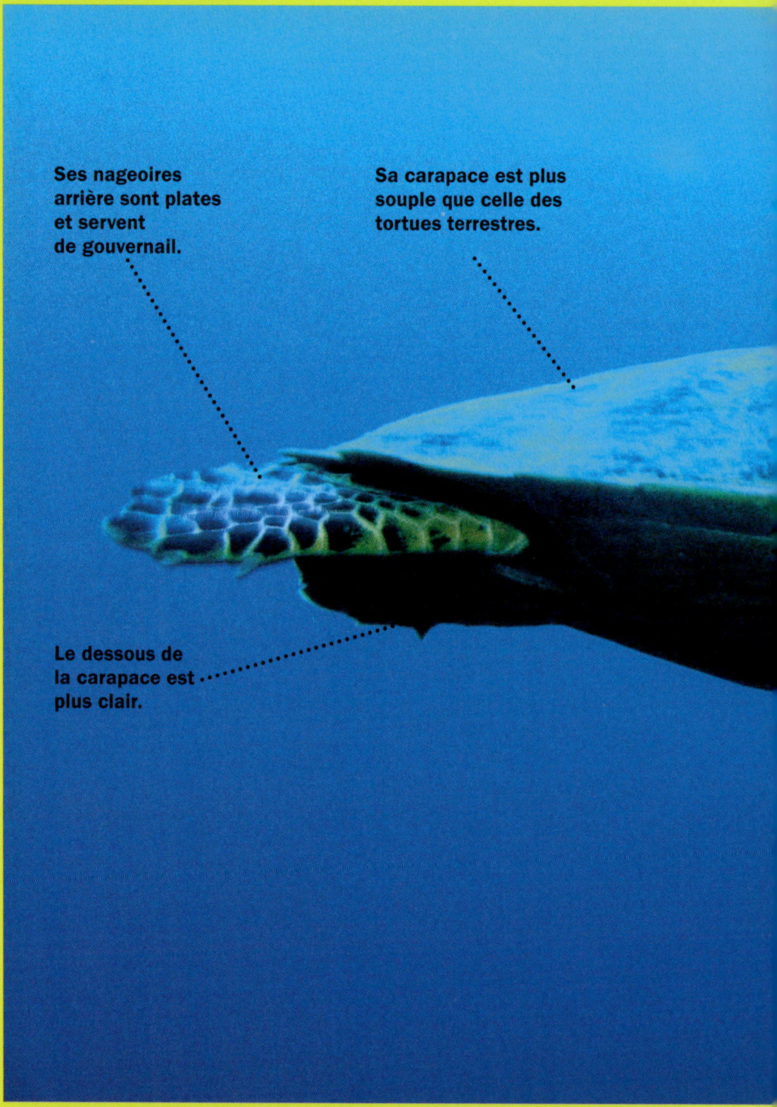

La tortue LA PLUS...

Parmi les sept espèces de tortues marines, voici quelle est la tortue...

LA PLUS GRANDE : *la tortue-luth, qui mesure jusqu'à 1,80 m.*

LA PLUS PETITE : *la tortue de Ridley, qui mesure moins de 70 cm.*

LA PLUS CHASSÉE : *la tortue à écailles, recherchée pour sa carapace.*

LA PLUS VOYAGEUSE : *la tortue verte, qui parcourt des milliers de kilomètres.*

De l'œuf au bébé tortue

❶ La tortue rampe sur la plage. Elle creuse un trou avec ses nageoires arrière. Puis elle pond ses œufs, qu'elle recouvre de sable.

❷ Quelques semaines plus tard, les œufs éclosent en même temps. Aussitôt, les bébés tortues se précipitent vers la mer.

❸ Ce bébé doit échapper aux crabes. Dans l'eau, il évitera les requins. Beaucoup de tortues ne parviennent pas à l'âge adulte.

Le mystère de la ponte

Les tortues femelles pondent sur les plages tropicales, où le sable est bien chaud.
Elles retournent toujours sur la même plage : elles la choisissent une fois pour toutes. Elles ne se trompent jamais, on ignore encore pourquoi. Chaque espèce a sa plage. Le nombre d'œufs pondus par une tortue varie entre dix et plusieurs centaines.

De longues migrations

Les tortues marines parcourent des milliers de kilomètres. Elles le font sans doute pour se nourrir. Certaines tortues, comme la tortue verte, sont végétariennes et ne mangent que des algues. D'autres, comme la tortue-luth, sont carnivores. Elles mangent des mollusques, des crustacés, et elles poursuivent les bancs de méduses.

La tortue-luth se reconnaît à sa carapace marquée par des longs traits en relief.

Des espèces menacées

Autrefois très nombreuses, les tortues de mer sont aujourd'hui menacées de disparition. La pêche intensive, la pollution de la mer, la consommation des œufs par les hommes ont diminué leur nombre. Aujourd'hui, il ne reste que sept espèces de tortues marines.

Le grand requin blanc

On trouve des requins dans toutes les mers du monde. La moitié d'entre eux mesurent moins d'un mètre. Mais certains sont beaucoup plus grands et ont une apparence effrayante.
C'est le cas du grand requin blanc, le plus célèbre de tous.

Le chasseur des mers
Le grand requin blanc est un redoutable prédateur. C'est un poisson qui se trouve au sommet de la chaîne alimentaire. Il mange toutes sortes d'animaux marins. Sa proie favorite est l'otarie. D'ailleurs, s'il lui arrive d'attaquer les plongeurs, c'est parce que leur combinaison lui rappelle le pelage lisse et sombre des otaries.

Le grand requin blanc a des dents aussi coupantes qu'un rasoir.

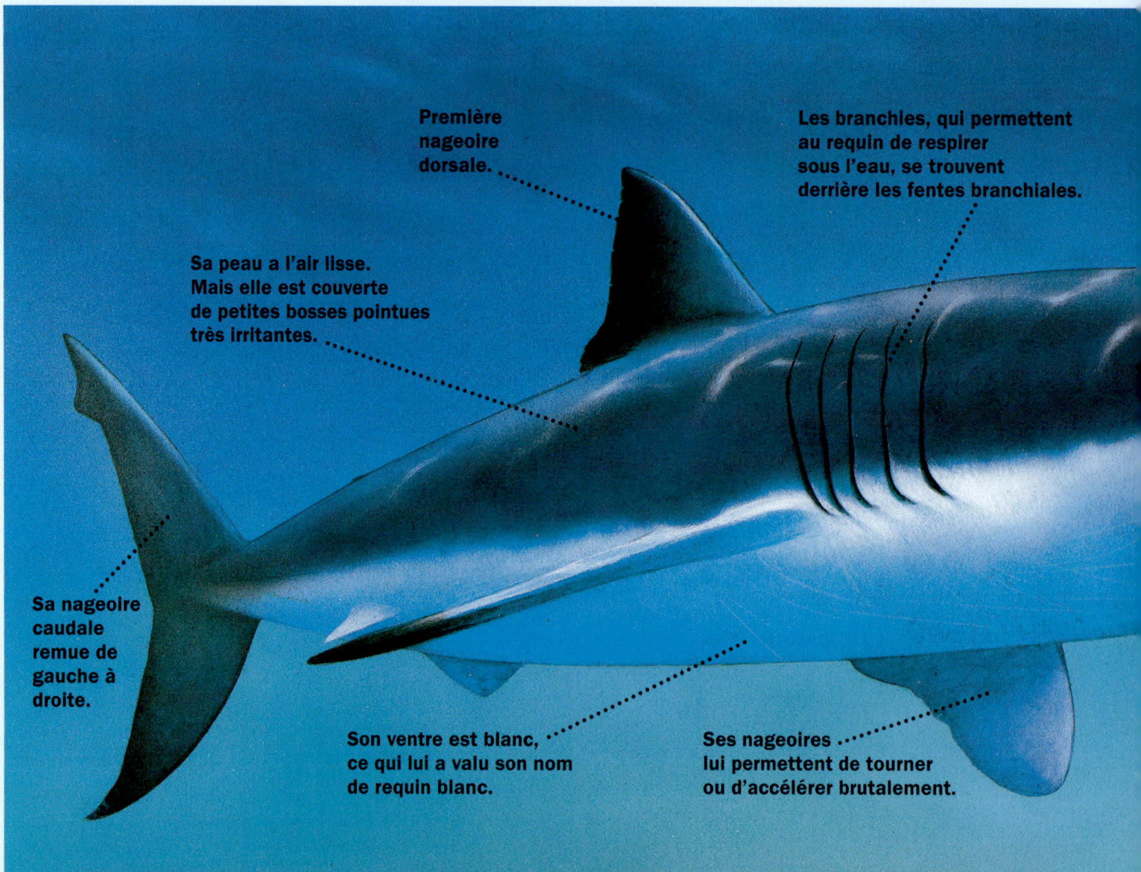

CARTE D'IDENTITÉ

NOM : *grand requin blanc*
NOM SCIENTIFIQUE :
Carcharodon carcharias
TAILLE : *jusqu'à 6 mètres*

POIDS : *jusqu'à 3 tonnes*
DURÉE DE VIE : *30 ans*
RECORD : *il produit jusqu'à 300 000 dents au cours de sa vie !*

Le grand requin blanc chasse en se plaçant sous ses proies. Son dos foncé se confond avec l'eau et le rend invisible. Il s'approche, puis il attaque.

Une très grande famille

Il existe 385 espèces de requins. Leur point commun est d'avoir des fentes branchiales et un squelette composé de cartilage. Mais leur taille varie beaucoup, allant de 15 centimètres à 12 mètres de long.

Son odorat est très développé et lui permet de détecter l'odeur du sang.

Ses dents triangulaires sont plantées sur plusieurs rangées. Quand une dent tombe, une autre la remplace aussitôt.

Chacun chez soi

Chaque espèce de requins a son propre milieu. Par exemple, le requin-tigre ou le requin-citron vivent près des côtes.
Les requins « pélagiques », comme le grand requin blanc, le requin-marteau ou le requin-baleine, vivent en pleine mer, près de la surface.
Les requins « benthiques », comme le requin-chat ou le requin-tapis, vivent en profondeur.

Œuf ou têtard ?

Les requins ont deux modes de reproduction, selon les espèces.
Certains pondent des œufs dans l'eau.
D'autres donnent naissance à des petits qui se sont développés à l'abri dans leur ventre.
Mais les femelles requins ne les allaitent pas comme le font les mammifères.

Une réputation de tueur

Les requins font peur à l'homme. Pourtant leurs attaques sont très rares. C'est plutôt l'homme qui est dangereux pour le requin. En effet, plus de cinquante millions de requins sont pêchés chaque année pour leur chair et leur huile.

De nombreux cousins

Le requin gris de récif chasse seul, la nuit. Le jour, il nage en groupe le long des récifs coralliens.

Le requin-marteau doit son nom à la forme de sa tête. Ses yeux se trouvent à chaque extrémité.

Le requin-baleine est le plus grand des requins. Il mesure en moyenne 7 mètres. Mais certains atteignent la taille de 20 mètres.

Le requin mako est le plus rapide de tous. Il peut nager à 40 km/h, contre 3 km/h pour les autres.

Le grand dauphin

Avec leurs nageoires et leur corps lisse, les dauphins ressemblent à de gros poissons. Pourtant, ce sont des mammifères qui se sont parfaitement adaptés au milieu aquatique. Parmi eux, le grand dauphin est l'espèce la plus connue et la plus souvent observée.

Le saut du grand dauphin

CARTE D'IDENTITÉ

NOM : *grand dauphin ou dauphin souffleur*

NOM SCIENTIFIQUE : Tursiops truncatus

TAILLE : *de 2 à 4 mètres* - **POIDS :** *200 kilos en moyenne. Les mâles sont beaucoup plus grands que les femelles.*

DURÉE DE VIE : *50 ans (moins de 10 ans en captivité)*

RECORD : *il est l'espèce la plus populaire parmi les dauphins, mais aussi la plus menacée de disparition.*

Le plus connu des dauphins
Le grand dauphin est le plus connu des dauphins. L'expression de sa bouche fait penser à un sourire. Comme il s'approche des côtes, il est assez facile à apercevoir. Il a souvent été capturé pour être filmé ou pour devenir animal de zoo. Pourtant, en captivité, la moitié des dauphins meurent pendant les deux premières années.

Les dauphins accomplissent des sauts qui peuvent atteindre 4 mètres de long ou 7 mètres de haut. En groupe, ils font des bonds synchronisés.

La naissance d'un dauphin

Le bébé sort du ventre de sa mère la queue la première. Une autre femelle du groupe veille sur eux.

La mère se repose tandis que l'autre femelle porte le bébé à la surface pour qu'il respire.

Une heure après sa naissance, le bébé trouve le mamelon de sa mère et se met à téter le lait.

Un sonar pour chasser
Le dauphin utilise un sonar pour localiser les bancs de poissons. Son sonar est situé sous le front, dans son cerveau. Il émet des cliquetis. Ces ondes sonores reviennent en écho lorsqu'elles butent contre un objet ou un animal : cela permet au dauphin de repérer ses proies.

Les dauphins communiquent entre eux en émettant différents sons. Ils ont aussi un langage corporel qui ressemble à un ballet aquatique.

Le dauphin peut rester 20 minutes sous l'eau sans respirer.

Des cétacés à dents
Le grand dauphin est un cétacé à dents, un « odontocète », alors que les baleines sont des cétacés à fanons. Les dauphins blancs (le bélouga et le narval), les dauphins de rivière, les cachalots, les marsouins et les baleines à bec sont aussi des odontocètes. Leurs dents leur servent à saisir leurs proies.

Un animal sociable
Les dauphins vivent en groupe et apprécient la compagnie. Les jeunes dauphins restent proches de leur mère jusqu'à 8 ans, ce qui est très long dans le règne animal. Les dauphins sont également très curieux et recherchent les contacts avec les autres espèces animales et avec l'homme.

Un récif corallien

Dans les mers tropicales, les côtes, et surtout les îles, sont bordées de récifs coralliens.
C'est l'un des milieux les plus riches de la planète, multicolore et fourmillant de vie. Le voici de jour et de nuit.

Le diable des mers
C'est le surnom de la raie manta. Les marins de l'Antiquité l'appelaient ainsi car sa taille les impressionnait. En effet, elle est l'un des plus gros poissons du monde. Son poids peut atteindre 3 tonnes ! Les raies mantas se rassemblent dans les eaux chaudes des récifs au mois d'avril, à la période de la reproduction. Elles repartent ensuite vers le large.

Comme beaucoup de poissons de récifs, le poisson-ange royal a un corps ramassé. Cette forme lui permet de se faufiler entre les coraux.

La raie manta, de dos et de face

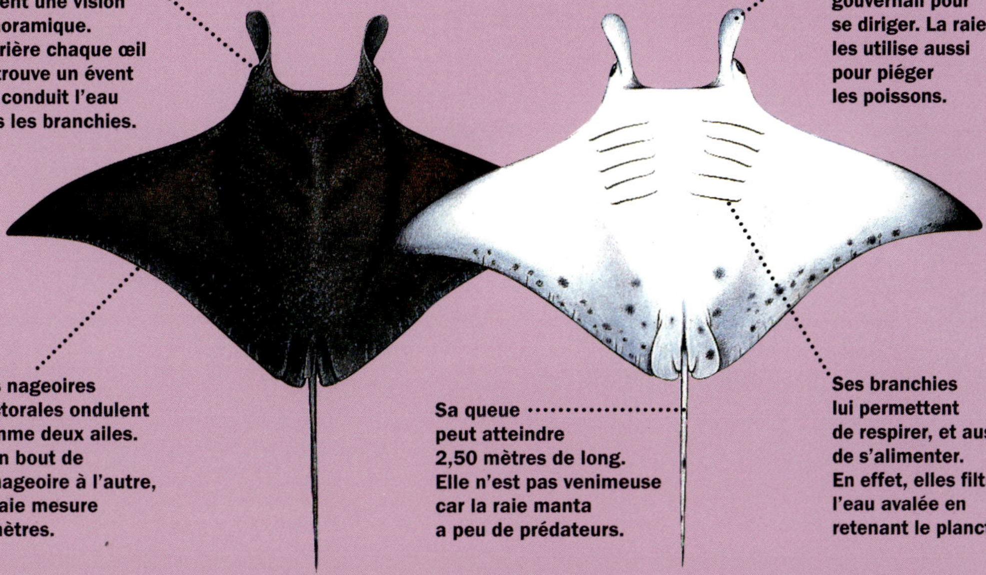

Ses yeux placés sur le côté lui offrent une vision panoramique. Derrière chaque œil se trouve un évent qui conduit l'eau vers les branchies.

Ses cornes lui servent de gouvernail pour se diriger. La raie les utilise aussi pour piéger les poissons.

Ses nageoires pectorales ondulent comme deux ailes. D'un bout de la nageoire à l'autre, la raie mesure 7 mètres.

Sa queue peut atteindre 2,50 mètres de long. Elle n'est pas venimeuse car la raie manta a peu de prédateurs.

Ses branchies lui permettent de respirer, et aussi de s'alimenter. En effet, elles filtrent l'eau avalée en retenant le plancton.

Un univers menacé
Les coraux se développent en colonies. Comme ils produisent du calcaire, ils forment peu à peu des rochers, ou récifs. Beaucoup sont menacés par la pollution, par certaines techniques de pêche, par les ancres des bateaux et aussi par les cyclones.

Le corail, un animal étrange

Le corail est la réunion d'une algue et d'un animal, tous deux minuscules. L'animal est un polype. Il a une forme de sac, de 3 cm de diamètre maximum. Son ouverture est entourée de tentacules venimeux. Le polype abrite une algue qui produit de l'oxygène et lui permet de respirer.

Les murènes ressemblent à des reptiles, mais ce sont des poissons. Le jour, elles restent cachées dans des trous de rochers. La nuit, elles chassent les poulpes, les calmars et les seiches. Leur tête effrayante fait croire qu'elles sont agressives. En réalité, elles ne mordent les humains que si on les dérange.

Les créatures des abysses

Le fond des océans est vertigineux, troué de fosses qu'on appelle abysses. C'est un milieu que l'on connaît encore très mal, car il est quasi inaccessible. Pourtant, des animaux y vivent, entre 3 000 et 6 000 mètres de profondeur, en pleine obscurité.

Quelques lueurs dans la nuit
Au-delà de 1 000 mètres de profondeur, c'est le noir total. Pourtant des lueurs bleutées y brillent. Elles sont émises par les animaux des abysses, grâce à une réaction chimique de leur corps appelée bioluminescence. Les animaux l'utilisent pour attirer leurs proies.

Une nourriture vraiment rare
Dans ce monde obscur, il n'y a pas de végétaux. Les poissons sont donc carnivores ou omnivores. Ils se nourrissent de déchets et d'animaux morts qui coulent. À cause du manque de nourriture, les poissons sont souvent très petits. Seule leur bouche est énorme, pour capturer la moindre miette !

Le poids terrible de l'eau
Au fond de la mer, les milliards de tonnes d'eau exercent une pression écrasante. Les poissons des abysses la supportent car leurs organes sont remplis de liquide. Leur corps est incompressible.

Du froid et du chaud
La température de l'eau ne dépasse pas 2 °C. Mais, autour de sources d'eau chaude, des bactéries se développent. Les poissons économisent leur énergie en restant immobiles, leur bouche grande ouverte pour attraper les bactéries et… tout ce qui passe !

Les habitants du fond des océans
Ces animaux des profondeurs ont été rassemblés ici sur une seule image. Mais dans la nature, ils vivent éloignés les uns des autres.

❶ Le grenadier remonte à 1 000 m pour s'y nourrir de crevettes.

❷ Les vers tubicoles se nourrissent de bactéries des sources.

❸ Le crabe blanc rampe près des sources, qui atteignent 300 °C.

❹ Le poisson zoarcidé broute l'extrémité des vers tubicoles.

❺ Les modioles sont des mollusques proches de la moule.

❻ Le cachalot descend jusqu'à 3 000 mètres de profondeur.

❼ Les poissons-hachettes vivent plus haut, entre 400 et 700 mètres.

❽ Le calmar géant mesure 15 mètres. C'est le plus grand invertébré du monde.

❾ La baudroie des abysses a un photophore qui attire les proies.

❿ Le poisson-dragon émet une lumière rouge, plus discrète.

⓫ Les calmars des abysses mesurent 5 centimètres.

⓬ Le poisson-vipère a des dents d'une taille démesurée.

⓭ Le poisson tripode attend ses proies, appuyé sur ses nageoires.

⓮ Les crevettes panaedes sont les proies des poissons.

⓯ Le grandgousier a un ventre élastique. Il peut tout avaler.

⓰ Le poisson pêcheur a les dents couvertes d'un gel luminescent.

⓱ La femelle haplophryne porte deux mâles nains sous son ventre.

Les p'tits plus

COPAIN DES REQUINS

Certains poissons accompagnent les requins. Le poisson rémora s'accroche sous leur nageoire grâce à une ventouse qu'il a sur la tête. Le requin le transporte et, en échange, le poisson le débarrasse de ses parasites.

SINGE EN DANGER

Le nasique est un singe qui vit seulement sur l'île de Bornéo, en Indonésie. C'est une espèce protégée,

mais de moins en moins nombreuse à cause de la déforestation.

PEAU PIQUANTE

L'étoile de mer fait partie de la même famille que les oursins et les concombres de mer. Leur famille s'appelle les échinodermes, ce qui veut dire « peau de hérisson ».

DES PATTES BLEUES

Le fou à pattes bleues est un oiseau aux larges pattes palmées qui ont une étonnante couleur bleue. Cet oiseau marin vit surtout sur les îles Galapagos, mais aussi dans l'ouest du Mexique. C'est un excellent pêcheur. Il plonge d'environ 25 mètres de haut, et réapparaît quelques mètres plus loin pour reprendre son vol. Une espèce cousine s'appelle le fou à pattes rouges, mais ses couleurs sont moins spectaculaires.

VENIN MORTEL

Le poisson-pierre ressemble à un bloc de pierre recouvert d'algues. Cette apparence étrange lui permet de passer inaperçu. Il attend que les autres poissons s'approchent de lui, puis il les aspire dans sa gueule. Il possède aussi sur le dos une épine dont le poison est mortel.

LE COURLIS CORLIEU

Cet oiseau migrateur passe l'hiver dans les mangroves, sur les côtes tropicales. Avec son long bec crochu, il fouille la vase à la recherche de petits invertébrés. Il picore aussi pour attraper les crabes.

REFUGE DANS L'EAU

Quand le lézard à crête aperçoit un rapace dans le ciel, il plonge aussitôt dans l'eau. Sa crête formée d'écailles pointues ne suffit pas comme protection !

REQUIN GLOUTON

Le requin-tigre mesure de 3 à 5 m. Il mange tout ce qu'il peut attraper :

tortues, méduses, carcasses, et même des détritus en fer, qui restent dans son estomac. Son appétit féroce fait de lui un animal dangereux.

TORTUES GÉANTES

Il reste deux espèces de tortues géantes terrestres. L'une vit sur les îles Galapagos, l'autre sur les îles des Seychelles. Leurs énormes pattes ne sont pas palmées mais terminées par des griffes. Ces tortues peuvent vivre jusqu'à 150 ans.

VOLEUSE

La frégate est un grand oiseau.
Ses ailes dépassent 2 mètres d'envergure.
Pour se nourrir, soit elle plonge rapidement son bec dans l'eau, soit elle poursuit les fous pour leur voler leurs proies.

LA BELLE VIE

Sur les îles, les animaux ont peu de prédateurs. Ils sont moins craintifs et plus gros que leurs cousins des continents.

LONGUE APNÉE

Le dauphin peut rester longtemps sans respirer grâce à ses globules rouges, gros et nombreux, qui stockent une grande quantité d'oxygène.

CRACHEUR DE SEL

Avalé en grande quantité, le sel de l'eau de mer est un poison. C'est pourquoi certains animaux marins l'expulsent par leurs narines, comme par exemple le crocodile marin.

PANIER SOUS LE BEC

Le pélican, l'un des plus gros oiseaux marins, a une poche située sous le bec. Elle lui permet de capturer de gros poissons qui pèsent plus de 5 kilos.

UN IGUANE TERRESTRE

Plusieurs espèces de reptiles peuplent les îles Galapagos. L'iguane terrestre est une espèce menacée. On le reconnaît à sa couleur jaune.

SINGE À L'EAU

Le macaque crabier vit en Indonésie et en Thaïlande. C'est un singe qui nage très bien. Il se nourrit de petits crustacés qu'il trouve dans la vase des mangroves.

CÉTACÉS À DENTS

Les cétacés à dents forment la famille des odontocètes. Ce sont les dauphins, les orques, les cachalots, les baleines à bec et les marsouins, des cétacés qui ressemblent à de petits dauphins.

LE PLANCTON

L'eau de mer est peuplée d'organismes microscopiques, le plancton. Le plancton végétal, ou phytoplancton, est constitué d'algues microscopiques, qui nourrissent de minuscules animaux marins, le zooplancton.

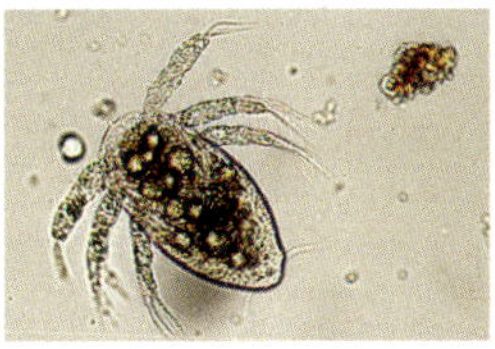

PLUS BESOIN D'AILES

Le cormoran des îles Galapagos est un oiseau unique au monde, car ses ailes

sont toutes petites et raides. On dit qu'elles sont atrophiées. Ce cormoran n'avait pas beaucoup de prédateurs sur les îles. Alors il a peu à peu perdu l'habitude de s'enfuir en volant. À cause de cette particularité, on l'appelle le cormoran aptère, ce qui veut dire « cormoran sans ailes ».

UN ANNEAU DANS L'OCÉAN

Les récifs de corail forment parfois une barrière en forme d'anneau.
Au milieu, l'eau peu profonde est séparée de l'océan : c'est le lagon.
On appelle atoll l'ensemble de la barrière et du lagon.
Au milieu, il peut y avoir une île, ou pas.

La grande famille

LES INVERTÉBRÉS

Ils ont un corps mou sans squelette. Certains ont une carapace ou une coquille.

LES CNIDAIRES

Leur corps mou ressemble à un sac. Ils ont des tentacules venimeux. Ils sont presque tous marins.

Coraux

Méduse

Anémones de mer

LES ÉCHINODERMES

Leur corps peut être divisé en cinq parties identiques. Ils sont tous marins.

Étoile de mer

LES VERS

Leur corps mou est composé d'anneaux.

Ver de terre géant

LES MOLLUSQUES

Leur corps mou est le plus souvent protégé par une coquille. Ils vivent dans l'eau ou dans les milieux humides

Calmar

Bénitier

LES ARTHROPODES

Ils ont des pattes articulées et une carapace qui protège leur corps.

Les crustacés

Crabe fouisseur

Les insectes

Fourmi

Les arachnides

Mygale

Les scientifiques classent les animaux sur un grand arbre généalogique. Sur les branches voisines se trouvent des cousins formant des groupes aux caractéristiques communes. Retrouve* sur cet arbre les animaux que tu as vus dans ce livre.

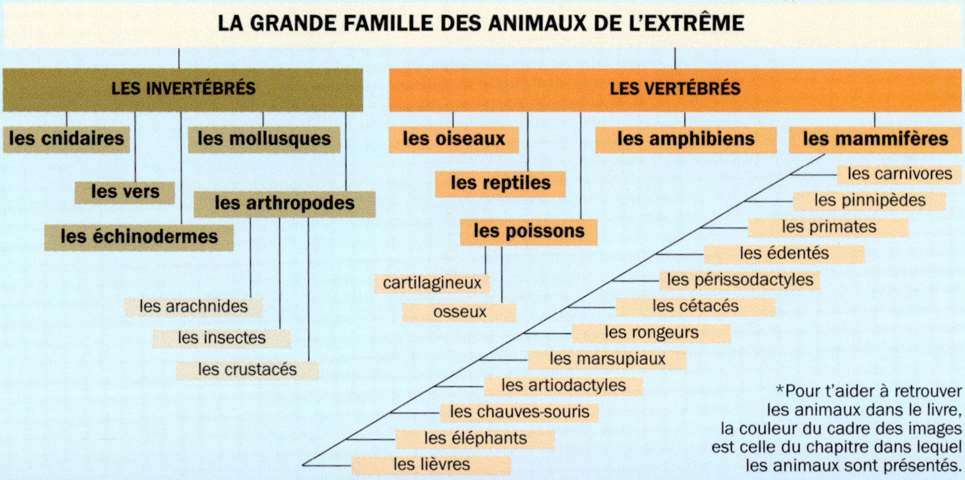

*Pour t'aider à retrouver les animaux dans le livre, la couleur du cadre des images est celle du chapitre dans lequel les animaux sont présentés.

des animaux de l'extrême

LES VERTÉBRÉS

Ils ont une colonne vertébrale à laquelle sont rattachés les os de leur squelette.

LES OISEAUX

Leur corps a une température constante. Leur peau fabrique des plumes. Ils respirent grâce à des poumons.

Harfang des neiges

Manchot royal

Albatros hurleurs

Condor des Andes

Autruche

Aras

LES REPTILES

Leur corps prend la température extérieure. Leur peau sèche fabrique des écailles soudées entre elles. Ils respirent avec des poumons.

Scinque

Vipère à cornes

Crocodile du Nil

Caïman noir

Tortue à écailles

Iguane marin

LES POISSONS

Leur corps prend la température extérieure. Leur peau fabrique des écailles non soudées. Ils respirent grâce à des branchies.

Les poissons cartilagineux

Grand requin blanc

Raie pastenague

Les poissons osseux

Poissons-chirurgiens

Poisson-perroquet

Rascasse volante

Murènes

LES AMPHIBIENS

Leur corps prend la température extérieure. Leur peau est nue et humide. Ils respirent par la peau et avec des poumons.

Crapaud citerne

Rainette arboricole

Grenouille-fraise

Dendrobate

Grenouille carcinophage

La grande famille

LES VERTÉBRÉS

LES MAMMIFÈRES

Leur corps a une température constante. Leur peau fabrique des poils.

LES CARNIVORES

Ours blanc

Panthère des neiges

Fennec

Suricate

Lycaon

Guépard

Hyène

LES PINNIPÈDES

Phoque du Groenland

Morses

Phoque crabier

Éléphant de mer

Léopard de mer

Otarie à fourrure

LES PRIMATES

Gorille de montagne

Chimpanzés

Orang-outan

Lémurien

Mandrill

Macaque crabier

Nasique

LES PÉRISSODACTYLES

Rhinocéros blanc

Zèbres

Tapir

LES ÉDENTÉS

Tatou velu

Tamanoir

Fourmilier

des animaux de l'extrême

Ils respirent grâce à des poumons. La femelle allaite ses petits.

LES CÉTACÉS

Baleine du Groenland

Orque

Narvals

Baleine à bosse

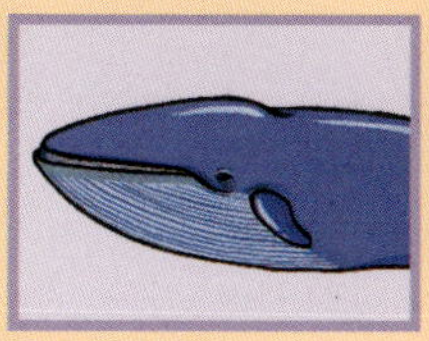

Baleine bleue

Grand dauphin

LES MARSUPIAUX

Kangourou

Koala

LES RONGEURS

Lemming

Gerboise

Gerbille

Porc-épic

LES ARTIODACTYLES

Bœufs musqués

Caribou

Oryx de Namibie

Dromadaire

Gazelles de Thomson

Girafe

Hippopotame

LES ÉLÉPHANTS

Éléphant d'Afrique

Éléphant d'Asie

LES CHAUVES-SOURIS

Grande roussette

LES LIÈVRES

Lièvre arctique

Lièvre de Californie

Index

Crédits photographiques :

b = bas, h = haut, d = droite, g = gauche, m = milieu

Aitken Kelvin/Age fotostock/Hoa-Qui (41 h, 153 hm, 165 bd); Allan Doug/Nature Picture Library/Jacana (36-37, 45 hg, 45 hm, 47 bg, 77 h); Ammann Karl/Nature Picture Library/Jacana (93 m, 113 md); Amsler Kurt/Jacana (155 hd); Arndt Ingo/Jacana (75 mb, 85 bg, 114 h, 115 hg, 169 mg1); Arndt Ingo/Nature Picture Library (7 bmd, 77 bg, 115 m, 143 mg); Ascani Maurice/Hoa-Qui (74, 75 bg); Aures Delphine/Jacana (45 m, 46 b, 47 bd, 168 mg5); Axel/Jacana (136 hd); Baccega Eric/Jacana (15 h, 17 m, 49 mg); Bahr Chis Martin/Jacana (115 hm) ; Banfi Franco/ Jacana (160 bg); Bell Gary/Imagestate (7 bd, 154 h); Blackwell Pete/Nature Picture Library/Jacana (117 bd); Blanc Jacques/Jacana (31 bg); Boisvieux Christophe/Jacana (26 b); Bollmann Werner/Age fotostock/Hoa-Qui (92 hg, 92 hd, 97 hd, 117 md, 150 b, 167 mg4); Borrel Bartomeu/Age fotostock/Hoa-Qui (31 bd); Boucher Jeff/Age fotostock/Hoa-Qui (21 bd); Brehm Torsten/Nature Picture Library/Jacana (135 bm); Brun Jacques/Jacana (77 bm, 143 mg); Burton Dan/Nature Picture Library/Jacana (65 bd); Cairns Pete/Nature Picture Library/Jacana (29 h); Cancalosi John/Hachette photos (84 hg, 84 hd, 84 mdd); Cancalosi John/Jacana (85 hg, 117 bg); Cancalosi John/ Age fotostock/Hoa-Qui (130 md, 143 md, 169 d5); Carré Claude/Jacana (48 bg); Castelein Bernard/Nature Picture Library/Jacana (73 bg, 169 mg5); Cavalli Angello/Age fotostock/Hoa-Qui (165 hd); Chrétien Eric/Explorer (49 hd, 164 hd); Cole Brandon/Nature Picture Library (7 hmg, 156); Cooper Andrew/Nature Picture Library (150 hd); Cordier Sylvain/Jacana (20 g, 21 hd, 25 bd, 30 mg, 41 b, 59 mg, 61h, 65 mg, 85 md, 95 hd); Dale Robert Franz/ Hachette photos (31 md); Darmmon Olivier/Jacana (113 b); Davidson Bruce/Nature Picture Library/Jacana (63 h, 110 b, 142 mg, 142 bd); De Wilde Patrick/Imagestate/GHFP (97 m, 101 hg, 105 h); Denis-Huot Michel/Hoa-Qui (54 h, 90 b, 97 b, 99 h, 100 h, 104 hd, 113 h, 169 md7); Denis-Huot Michel/Jacana (95 bd, 143 hg, 169 d2); Denzau Gertrud Helmut/Nature Picture Library (65 md, 77 bd); Desmier Xavier/Rapho (45 hd, 152-153, 168 mg6); Devez A.J./ CNRS/Jacana (79 bg); Deya Jean-Patrick/Jacana (64 hg); Doerr Cornelia/Age fotostock/Hoa-Qui (54 d, 64 bg); Douwma Georgette/Nature Picture Library (161 bg, 166 hg); Dragesco Eric/Jacana (25 hd, 58-59); Du Toit Richard/ Nature Picture Library/Jacana (99 b, 112 b); Eastcott Momativk/Age fotostock/Jacana (27 b, 169 md1); Eriksen Hanne-Jenis/Nature Picture Library (7 bg, 46-47, 48 hg, 76 h, 169 md4); Foott Jeff/Nature Picture Library/Jacana (44 b, 55 b, 85 hd, 168 mg4); Frederic/Jacana (72-73); Freund Jurgen/Jacana (153 hd, 155 mb); Fuchs Ariel/Hachette photos/Hoa-Qui (144); Fuste José/Age fotostock (146-147); Galan Cela Pablo/Age fotostock/Hoa-Qui (52-53); Garbutt Nick/Nature Picture Library/Jacana (7 bmg, 135 bg, 135 bd); Gladu Yves/Jacana (157 b); Gomez Daniel/ Nature Picture Library/Jacana (56 md, 116 bd); Guerrier Alain/Jacana (17 g); Gutierrez Javier/Age fotostock/ Hoa-Qui (157 md, 169 g6); Hall David/Nature Picture Library (155 b); Hamblin Mark/Age fotostock/Hoa-Qui (31 hd, 111 hd); Hatherley Graham/Nature Picture Library/Jacana (7 hg, 66, 73 h, 84 bg, 168 g3); Heald Tony/Nature Picture Library/Jacana (97 hm, 102 h, 111 h, 117 mg, 167 mg3, 169 mg6); Hill Mike/Age fotostock/Hoa-Qui (91 bd, 102-103); Holt Steven/Age fotostock/Hoa-Qui (30 md); Janes E.A./Age fotostock/Hoa-Qui (143 bg); Jones Adam/Imagestate/ GHFP (94 b, 168 d2); Jones Mark/Age fotostock/Hoa-Qui (6 bg, 56-57, 167 g4); Joson Michel/Hoa-Qui (155 mh, 160 bd); Jouan Catherine et Rius Jeanne/Jacana (49 bd, 84 md, 129 bg); Kappel Hans Christophe/Nature Picture Library/Jacana (129 bd); King Simon/Nature Picture Library/Jacana (106 h); Konig Rudolf/Jacana (75 bm, 82 b); Krasemann Stephen/Jacana (16 h, 27 h); Krutz Christina/Age fotostock/Jacana (111 md); Kuttapan E. A./Nature Picture Library/Jacana (137 bd); Lilja Peter/Age fotostock/Hoa-Qui (23 h, 78 b, 169 mg3, 169 md3); Louisy Patrick/ Grandeur Nature (161 bd, 167 md6); Lucas Neil/Nature Picture Library (75 m); Lukasseck Frank/Imagestate/GHFP (86); Lukasseck Frank/Age fotostock/Hoa-Qui (7 hmd, 60 h, 168 g2); Luquet Michel/Jacana (129 bm); Lynn Renée/ PHR/Jacana (60 d); Mangelsen Tom/Nature Picture Library/Jacana (12-13); Mansell Barry/Nature Picture Library/ Jacana (130 mg); Martin Tim/Nature Picture Library/Jacana (152 b); Mattison Chris/Age fotostock/Hoa-Qui (47 bm, 49 hg); Mc Donald Mary/Jacana (85 mg); Morales/Age fotostock/Hoa-Qui (7 hd, 10, 65 hd, 91 h, 108 h, 131 hg, 152 m, 153 hg, 165 mg, 167 d2, 168 g1); Newman Owen/Nature Picture Library/Jacana (115 hd, 116 mg); Nick Gordon/ Nature Picture Library/Jacana (124 b); Nigel Dennis/Age fotostock/Hoa-Qui (79 bd, 81 h, 97 hg, 107 h, 116 hg, 168 g5, 168 g6); Nolan Michael/Age fotostock/Hoa-Qui (40, 169 g4); Nong Xi Zhi/Nature Picture Library/Jacana (64 mg); Osborn William/Nature Picture Library/Jacana (82 m); Osborne Ben/Nature Picture Library/Jacana (48 hd); Oxford Pete/Nature Picture Library/Jacana (56 bg, 64 md, 84 mg, 110 h, 116 bg, 125 hg, 125 hm, 129 hd, 135 h, 153 b,166 bd, 168 d4); Partridge Julian/Nature Picture Library (82 mg); Philippe Roy/Hoa-Qui (117 hg); Pitts Michael/Nature Picture Library/Jacana (164 bd); Poelking Fritz/Age fotostock/Hoa-Qui (couverture, 5, 37 h, 39 m); Potts Mike/Nature Picture Library/Jacana (24 bg); Prévost Françoise/Jacana (48 mg); Pupkewitz Tony/Rapho (79 bm); Raman Sabine/Age fotostock/Hoa-Qui (24 md, 95 md, 103 m, 105 b, 167 g1); Rich T.J./Nature Picture Library/Jacana (111 bd); Robles Gil Patricio/Age fotostock/Hoa-Qui (15 b, 38 h, 46 h, 49 md, 167 g3); Rod Williams/ Nature Picture Library (83, 142 mg); Rugner Martin/Age fotostock/Hoa-Qui (64 bd, 157 h); Rugner Martin/Nature Picture Library/Jacana (141 bg); Salisbury Mike/Jacana (17 d); Scott Doug/Hoa-Qui (68-69); Scott Jonathan et Angela/Imagestate/GHFP (100 b, 104 hg, 106 b); Seale Andre/Age fotostock (161 h); Shah Anup/Nature Picture Library/Jacana (63 md, 88-89, 96 h, 103 hg, 103 hd, 116 md, 137 h, 169 md5, 169 md6); Shah Anup/Jacana (93 h, 101 b, 132 hg, 138, 139 b); Shah Anup/Imagestate/GHFP (108 b); Shah Anup et Manoj/Jacana (6 hd, 62 h, 90 hg, 133 b, 168 md2); Shale David/Nature Picture Library/Jacana (75 bd, 167 mg5); Shrurs Carine/Nature Picture Library/Jacana (112 mg); Siepmann Martin/Age fotostock/Hoa-Qui (120-121); Sinclair Toby (142 md); Siteman Frank/Age fotostock/Hoa-Qui (6 hmd, 130 hg, 167 d1); Sloss Warwick/Nature Picture Library/Jacana (24-25); Stelzner Mirko/Age fotostock/Hoa-Qui (118, 167 g6); Steven Miller David/Nature Picture Library/Jacana (82 md); Stober Franck/Age fotostock/Hoa-Qui (112 hd); Stone Lynn/Nature Picture Library/Jacana (6 bmd, 44 hg, 61 b, 109 mg, 125 hd, 125 bd); Taylor Chris/Nature Picture Library/Jacana (142 bg); Taylor Kim/Nature Picture Library (75 h, 167 mg2); Tipling David/Nature Picture Library (32); Troncy Michel/Hoa-Qui (65 b); True North Images/Age fotostock/Hoa-Qui (101 hd); Vezo Tom/Nature Picture Library/Jacana (84 bd, 164 bg); Visage Varin/Jacana (59 m, 59 md); Walker Tom/Jacana (6 hmg, 20-21, 21 md, 26 hd, 169 md2); Walmsley Tom/Nature Picture Library/Jacana (48 bd); Warwick Sloss/Nature Picture Library/Jacana (141 hg, 169 mg2); Watts Dave/Nature Picture Library/Jacana (140); Wechsler Doug/Nature Picture Library/Jacana (130 bd); Widstrand Staffan/Nature Picture Library/Jacana (142 hg); Wild Pat/Jacana (16 b, 39 hm, 39 hd, 45 b, 50, 168 mg3); Wilkes Mike/Nature Picture Library/Jacana (30 hd); Wisniewski Winfried/Jacana (39 hg, 117 hd, 165 md, 167 g2); Wisniewski Winfried/Age fotostock/Hoa-Qui (107 m); Womack Art/Imagestate (155 hg); Yoff/Jacana (73 bd, 169 mg4); Yokohama B./Hoa-Qui (160 h, 167 md3); Yokohama/Photo Bank (34-35); Ziesler Gunter/Jacana (54 b, 65 bg); Nature Picture Library (116 hd); Age fotostock/ Hoa-Qui (164 mg) ; PlanetObserver/Hoa-Qui (6-7m).

Merci à la rédaction du magazine Images Doc,
et plus particulièrement à Catherine Béchaux, rédactrice en chef,
Emmanuel Mercier, directeur artistique,
et Marc Beynié, chef de rubrique Sciences et rédacteur Animaux

Illustrations humour : Michel Beurton
Couleurs : Dominique Thomas, Arielle Cambessédès, Alice Gilles, Patrice Eglin

Illustrations : Denise Bazin 148-149; André Boos 16-17, 91, 133;
Franck Bouttevin 109; Christophe Drochon 6, 36, 79, 96, 104-105,
110-111, 122-123, 134, 136-137,139, 142,143, 158-159;
Emmanuelle Etienne 70-71, 114-115; Cathy Gaspoz 6, 28-29;
Donald Grant 85, 116; Gilbert Houbre 18-19, 98-99, 107, 126-127, 151.
Gérard Marié 55, 62-63, 76-77, 82, 92-93, 94-95, 113, 116, 117,
128-129, 131, 132, 141, 142, 143, 154-155, 161;
Emmanuel Mercier 40, 59, 80-81; Olivier Nadel 42-43;
Lorenzo Orlandi 83; Fabio Pastori 6, 14, 30, 124-125, 162-163
Caroline Picard 157; Jean-Marie Poisseneau 22-23
Marie Winter 64, 143; Nicolas Wintz 31; Tom Sam You 107

Infographies Images Doc : 30, 48, 49, 165

Cartes de présentation des milieux : Alice Gilles

L'ensemble des photographies de cet ouvrage provient des agences du groupe GHFP.